福建省高校人文社会科学研究基地——基础教育与教师教育研究中心（福建师范大学）研究项目。

教师教育课程系列教材

余文森 连榕 洪明 总主编

选修模块

考试与评价

王伟宜 王晞等◎编著

福建教育出版社

教师教育课程系列教材编委会

主　　任 / 黄汉升
副主任 / 余文森　许　明　黄志高
委　　员 / 连　榕　黄宇星　洪　明
　　　　　叶一舵　黄仁贤　陈伙平
　　　　　王　晞　谌启标　张荣伟
　　　　　王伟宜　王东宇　丁革民

序　言

教师教育课程体系的构建和教材的编写是教师教育的基础性工作，是决定教师教育质量和合格教师培养的核心环节。当前，随着教师专业化进程的推进，教师教育课程教材改革迎来了一个全新的时代。那么，如何构建教师教育新的课程体系？如何编写教师教育新的教材？我们的做法是：

一、以新课程为导向，提高教师教育课程教材的针对性和适应性

我国于2001年启动的新一轮基础教育课程改革是新中国成立以来规模最大，最全面、最深刻，也将是最有影响的一次课程改革。教师是课程改革的主力军，"课程改革成也教师，败也教师"。教师的观念态度、业务素质和专业精神是课程改革的根本支撑，是保证课程改革运行的内在动力。作为培养中小学师资的重要基地，如何培养适应新课程的合格教师？这是师范院校面临的重要课题。教育部印发的《基础教育课程改革纲要（试行）》明确要求："师范院校和其他承担基础教育师资培养和培训任务的高等学校和培训机构应根据基础教育课程改革的目标与内容，调整培养目标、专业设置、课程结构，改革教学方法。"师范院校的教师教育要为基础教育课程改革与发展提供良好的师资保证，必须主动实现与基础教育课程改革的对接。这种对接，既是师范院校教师培养的自身改革，也是对基础教育课程改革的主动适应。

本套教师教育课程教材体系特别注重在教育理念、课程内容和专业素养上与基础教育课程改革对接。第一，把新课程倡导的各种新理念特别是新的教育观、学生观、教师观、课程观、教学观、评价观、研究观等作为教师教育课程教材编写的理论导向，从而帮助师范生确立新课程所倡导的教育理念。第二，把新课程改革涉及的新的内容，如课程结构的调整、综合实践活动的设置、学习方式的变革、综合素质的评价、校本教研制度的建设等纳入教师教育课程教材之中。此外，还将综合实践活动作为独立设置的一门教师教育课程（教材），使师范生不仅对本次课程改革的亮点有系统的了解，而且为今后在工作岗位上有效开展综合实践活动奠定坚实的基础。第三，把新课程对教师专业素养提出的新要求，如教师的教育智慧、人文精神、人格修养和研究能力等作为教师教育课程教材编写的依据和内容，既为师范生打下必要的基础，又为师范生指明努力方向。

二、以教师教育课程标准为依据，构建教师教育课程教材新体系

为培养和造就符合时代要求、具有合格专业素养的新型教师，教育部决定调整和改革教师教育课程，以构建体现素质教育理念的新的教师教育课程体系。教师教育课程是指教师教育机构为培养和培训幼儿园、小学和中学教师所开设的教育类课程。教师教育课程标准体现国家对教师教育课程的基本要求，是制订教师教育课程方案、编写教材、积累发掘课程资源，以及开展教学和评价活动的依据，对规范和促进我国教师教育发展具有重要意义。研制和颁布教师教育课程标准是近年来我国教师教育课程改革和建设的重要举措。

教育部2007年工作要点第30条指出：大力推进教师教育课程与教学改革，颁布和试行《教师教育课程标准》，加强教师培养的专业指导和质量评估，加快教师教育精品课程资源建设。

依据教师教育课程标准的主要精神和基本要求，我们构建以下的教师教育新课程体系（不含见习和实习课程以及学科类的教育课程）：

（一）必修课程（6个模块，每个师范生必修）。模块名称为：《教育基本原理》、《发展与教育心理学》、《课程与教学论》、《课堂教学技能》、《班级管理与班主任工作》、《现代教育技术》。

（二）选修课程（6个模块，每个师范生选修若干模块）。模块名称为：《中外著名教育家简介》、《教师专业发展》、《学生心理健康教育与辅导》、《教育科学研究方法》、《考试与评价》、《综合实践活动课程导论》。

相对而言，必修模块的《教育基本原理》、《发展与教育心理学》、《课程与教学论》三门课程和选修模块的《中外著名教育家简介》、《教师专业发展》两门课程侧重理论，必修模块的《课堂教学技能》、《班级管理与班主任工作》、《现代教育技术》三门课程和选修模块的《学生心理健康教育与辅导》、《教育科学研究方法》、《考试与评价》、《综合实践活动课程导论》四门课程侧重实践。

这一课程体系彻底地走出了传统"老三门"（公共教育学、公共心理学和学科教材教法）的模式，以新时期中小学教师必须具备的各种教育专业素养为核心对教育类课程进行了有机的整合，大大地强化了教师教育课程的内涵和外延，为提升师范生的素质提供了全新的平台。

依据上述课程模块，我们组织编写了相应的教材。本套教材的编写力求反映和体现以下特征：

第一，时代性。传统的教师教育课程教材，大到整个理论体系，小到具体表述，多是老套陈旧的东西，不仅学生学起来不新鲜，就是教师也教得厌烦。本套教材编写则十分注重从当代教育科学和心理科学研究的最新成果中筛选适合"公共课"性质与要求的内容和观点，十分注重反映新课程精神并提供新课程改革所需要的教育学和心理学的内容和观点。这使得本套教材富有时代气息，具有时代特色。

第二，基础性。传统的教师教育课程教材大多只是专业课教育学和心理学教材的简单移植、翻版或综合，很少考虑到"公共课"的性质和特点，致使课程内容大而全、杂而乱。本套教材则以打造未来教师的教育学和心理学基本素养为宗旨，以21世纪中小学教师必须确立的教育教学观念为主线，精选教育学科和心理学科的基础知识和基本理论。不求面面俱到，不在概念和原理上兜圈子、做文章，而是在提高师范生的认识和能力上下功夫。

第三，实践性。传统教师教育课程教材偏重教育学和心理学概念和理论的抽象阐述，片面追求课程教材内容的系统化，偏离了教育学和心理学得以实现生长和发展的生活根基和人文轨道。这种课程教材缺乏感召力，缺乏对实践的有效引领，存在严重的"实践乏力"。本套教材注重实践品质和人文关怀，全书一以贯之地体现以人为本的教育思想和回归生活的教育理念，使教育学和心理学的理论阐述一方面渗透人文精神，另一方面反映教育教学现状和发展要求以及中小学生的心理特征，唯其如此，才有可能让师生真切感受到教育学和心理学的指导意义、真切关怀和现实帮助。

本套教材的编写得到了福建师范大学重点教改项目的资助，福建教育出版社对本套教材的编写也给予了热情的鼓励和具体的帮助。本套教材在编写过程中参阅和引用了大量其他研究人员的成果，在此一并表示深深的谢意。

本套教材只是重写教师教育课程教材的一种尝试。由于编写者认识水平和专业理论水平的局限，这种尝试必定存在诸多缺漏和遗憾，我们恳请同行提出宝贵的批评意见。

教师教育课程丛书总主编：余文森、连榕、洪明
2007年6月

前　言

考试与评价是学校教育领域中的重要内容，在教育教学过程中拥有广泛的应用价值，在实践中则具有强大的导向作用，因而，考试与评价制度改革往往成为教育改革的重点、难点。正因为如此，我国新一轮基础教育课程改革特别强调考试评价体系的改革，要求我们转变教育思想观念，树立新的考试评价观。《基础教育课程改革纲要（试行）》明确提出"改变课程评价过分强调甄别与选拔的功能，发挥评价促进学生发展、教师提高和改进教学实践的功能"，给新课程的考试评价改革指明了方向。"立足过程，促进发展"成为此次课程改革倡导的新的评价理念。

为了体现这一新的评价理念，推动新课程改革向纵深方向发展，本书阐述了考试与评价的基本概念与原理，同时又论述了此次课程改革所倡导的表现性评价、成长记录袋评价等质性评价方法以及注重学生全面发展的综合素质评价等。可以说，理论联系实际，密切关注新课程改革的现实诉求，是本书的突出特点。此外，考虑到本书的阅读对象，在编写时，力求语言通俗易懂、内容明确具体，这是本书的又一特点。

本书共七章，其中第六章由王晞教授执笔，其余各章由王伟宜执笔。全书由王伟宜负责统稿。

编著者

目 录

第一章　考试概述 (1)
第一节　考试的产生和发展 (1)
一、考试的产生 (1)
二、古代考试的发展 (6)
第二节　考试的功能与原则 (9)
一、考试的基本功能 (9)
二、考试的基本原则 (15)
第三节　考试的种类与要素 (21)
一、考试的主要种类与形式 (21)
二、考试制度的要素 (24)

第二章　考试的质量指标 (31)
第一节　考试的信度 (31)
一、考试信度的概念 (31)
二、考试信度的类型 (34)
三、影响考试信度的因素 (39)
第二节　考试的效度 (41)
一、考试效度的概念 (42)
二、考试效度的类型 (43)

三、影响考试效度的因素……………………………(48)
　第三节　考试题目的难度和区分度………………………(51)
　　一、题目的难度……………………………………(52)
　　二、题目的区分度…………………………………(58)

第三章　考试的设计和试题的编制……………………(65)
　第一节　考试设计的基本程序……………………………(65)
　　一、考试目标的确定………………………………(66)
　　二、考试内容的确定………………………………(68)
　　三、考试的设计……………………………………(72)
　　四、试卷的技术分析与鉴定………………………(75)
　第二节　试题的编制………………………………………(79)
　　一、试题分类及其命题原则………………………(79)
　　二、客观性试题的编制……………………………(82)
　　三、主观性试题的编制……………………………(100)

第四章　教育评价概述………………………………(109)
　第一节　教育评价的意义…………………………………(109)
　　一、教育评价的内涵与目的………………………(109)
　　二、教育评价的作用与类型………………………(115)
　　三、我国教育评价的发展现状与未来趋势………(126)
　第二节　学生评价…………………………………………(131)
　　一、学生评价概述…………………………………(131)
　　二、建立以促进学生发展为目标的评价体系……(143)

第五章　成长记录袋评价……………………………(171)
　第一节　成长记录袋评价概述……………………………(172)
　　一、成长记录袋评价及其特征……………………(172)
　　二、成长记录袋评价的类型与构成………………(178)

三、成长记录袋评价的优势与不足 …………………… (189)
第二节 成长记录袋评价的设计与应用 ………………… (191)
一、成长记录袋评价的设计 ……………………………… (191)
二、成长记录袋评价的应用 ……………………………… (208)

第六章 综合素质评价 …………………………………… (215)

第一节 综合素质评价实施的意义 ………………………… (215)
一、综合素质评价的提出 ………………………………… (215)
二、实施综合素质评价的意义 …………………………… (219)

第二节 综合素质评价实施的基本原则 …………………… (222)
一、导向性原则 …………………………………………… (222)
二、发展性原则 …………………………………………… (222)
三、公平性原则 …………………………………………… (223)
四、多样性原则 …………………………………………… (223)
五、可行性原则 …………………………………………… (224)

第三节 综合素质评价的主要内容和方法 ………………… (225)
一、综合素质评价的主要内容 …………………………… (225)
二、学生综合素质评价方法 ……………………………… (229)
三、学生综合素质评价结果的表达 ……………………… (231)

第七章 考试评价改革 …………………………………… (234)

第一节 当前考试评价存在的问题 ………………………… (235)
一、当前考试评价存在的问题与反思 …………………… (235)
二、新课程改革对考试评价改革的诉求 ………………… (243)

第二节 新课程背景下的升学考试和招生制度改革 ……… (248)
一、新课程背景下的中考招生制度改革 ………………… (248)
二、高中新课程背景下的高考改革 ……………………… (256)

主要参考文献 …………………………………………… (272)

第一章
考试概述

中国是考试的故乡，也是一个考试大国。每年有成千上万的考生参加各种各样的考试。为了使人们对考试有一个整体的认识与把握，本章将对考试的产生与发展、考试的功能与原则以及考试的种类和要素等问题进行简要概述。

第一节 考试的产生和发展

一、考试的产生

考试，是指对人的知识、能力、技能等进行测量和评价的一种社会活动。作为人类社会特有的一种社会现象，考试并非与人类社会同时产生，而是人类社会发展到一定阶段的产物。"当人类社会出现了强制性的脑体分工,当社会需要从人群中选拔出领导者或管理人员、专业技术人员等脑力劳动者的时候,在实践中经过长期的探索,才发明了考试。也就是说,考试是人类社会中一定历史阶段的产物,即强制性脑体分工的产物"。[①] 考试最早出现于中国,中国乃"考试的故乡"是世界公认的。在中国,第一次将"考"与"试"合并使用,创造了"考试"这一概念,并把它作为一种"方法"的是西汉的董仲舒(公元前179—公元前104)。当时董仲舒所讲的考试主要是指西汉时期国家对官员的考核和任用,即根据德勤能绩,论功行赏,量过治罪,升黜进退。这说明当时设立考试的重要目的是选拔分散于民众之中的精英人物,纳入政府行政体系之中,集中民智,为国家所用。

虽然我国是世界上最先实行考试的国家,但由于历史久远,文献资料难以考证,我国的考试产生于何时、何地,由谁创立,均不得而知。于是,便出现了许多关于考试起源的学说。

首先是"山顶洞人说"。廖平胜在《论中国考试的起源》一文中认为,中国考试活动起源于"山顶洞人"时期先民对新生一代的实践性观察和检验。在该文中,作者根据我国考古发现及古代典籍提供的文献资料,论述了人类考试活动产生的必备条件及我国考试产生的孕育期、萌芽期和雏形期。他认为万余年前的山顶洞人已经掌握了一定的劳动和生产技能,有了部分生产、生活方面的经验性知识积累。出于自身及社会生命延续的需要,在生产和生活实践过程中,成年男女向新生一代传授制造工具、打

---

① 杨学为,廖平胜.考试社会学问题研究[M].武汉:华中师范大学出版社,2003:7.

猎、捕鱼、缝制衣物等方面的技能，并在传授的过程中进行观察、检验，看新生一代是否真正掌握了这些技能。这种观察、检验活动，即是我国考试的"孕育期"。此外，他还进一步阐述了将我国原始社会部落接受男女青年为正式成员时所举行的"冠礼"作为资格考试、教育考试的"发端"等观点。最后，作者认为："原始社会晚期的这些考试活动，都可视为人类考试的胚芽和中国现今考试之源。"[①]

其次是"尧舜说"。中国关于考试的最早记载见于公元前2000年左右尧选舜做接班人的故事。当四岳（各方首领）推荐舜为尧的接班人时，尧说："吾其试哉。"尧年事已高，为了挑选接班人而通过多种途径来"试"舜这一做法在很多人看来便是中国考试的本源。但也有学者指出，这个"试"还不是现在的考试，而只是在实践中观察试用。[②] 也就是说，原始社会末期出现的"考"、"试"指的是"试职"和"考绩"，还不是现代意义上的考试，因此有人认为："考试不可能在原始社会末期出现。"[③]

最后是"西周说"、"汉代说"、"隋唐说"等。西周是我国奴隶社会发展的鼎盛时期，西周所实行的"选士"制度在先秦文献中记载较多。当时的选士在程序、主考官等方面已有明确的规

---

① 廖平胜. 论中国考试的起源 [J]. 华中师范大学学报（哲社版），1991 (4).

② 杨学为. 中国需要"科举学" [J]. 厦门大学学报（哲社版），1999 (4).

③ 李春祥，等，主编. 河南考试史 [M]. 郑州：中州古籍出版社，1993：2.

定。因此有学者指出:"西周的选士是我国考试制度的萌生阶段。"[①] 但很多学者认为,"最近似于现代考试的,产生于汉代",[②] 或者说"考试可以追溯到汉代","西汉文帝前元十五年(前165年)举行的贤良方正科考试,既是我国不定期举行的特科考试的开端,又是我国取士考试的开端,还是我国考试制度的开端。汉文帝既是我国特科考试的创始人,又是我国取士考试的创始人,还是我国考试制度的创始人"。[③] 然而,也有学者认为我国真正意义上的考试始于隋唐以后。邓嗣禹在其著作《中国考试制度史》中指出:"唐以后之科举,令士人投牒自进,共同竞争,高低贵贱,一以定之。且普遍施行,垂为永制,沿袭千年而不变,使天下士人共出于一途,斯为考试之极轨。"[④]

由上可知,关于考试起源的论说诸多。实际上,作为一种独特的社会现象,考试和一定历史时期的社会政治、经济、教育、文化、科技、社会分工等关系极为密切。考试的产生必须具备相应的社会历史条件。

首先,考试是人类教育活动的产物。为了人类自身的生存与发展,在原始社会,长辈必须将自身在生产、生活中所积累的生产经验、劳动技能等传授给年轻一代,而为了判断年轻一代对这些经验、技能的掌握程度,长辈们总是让这些年轻人不断地进行

---

① 唐群. 科考篇——风云际会考场路 [M]. 西安:三秦出版社,1998:192.

② 杨学为. 中国需要"科举学" [J]. 厦门大学学报(哲社版),1999(4).

③ 盛奇秀. 中国古代考试制度 [M]. 济南:山东教育出版社,1988:11.

④ 邓嗣禹. 中国考试制度史 [M]. 国民政府考选委员会,1936:1.

操作、演练，这便是人类最初的考试活动。

其次，随着人类社会的不断发展，考试逐渐成为一种有目的有意识的对人的知识、能力进行甄别的社会活动。"青年礼"、"冠礼"这些活动表明它们"不只是对少年是否具备成为社会正式成员的条件所进行的一种检验、考核、鉴定，也是对未成熟少年进行的有计划的集中、系统、严格的训练。成年礼不只是一种仪式，也是一个预定的教育过程"。① 在此过程中，对青少年所实施的严格的检验和严酷的考验，可以说就是一种原始的考试制度。因而，可以认为"冠礼"就是中国考试的源头。

最后，考试的产生要有一定的社会条件，即社会分工。"当社会出现了强制性的社会分工，特别是脑体分工之后，出现了'劳心者治人，劳力者治于人'的时候，当必须从人群中选择出管理人员或其他主要从事脑力劳动的人员的时候，人类才发明了考试。"②

由此看来，中国的考试可能产生于原始社会末期或奴隶社会初期。"根据 2000 年 11 月'夏商周断代工程'研究公布的《夏商周年表》，我国第一个奴隶制王朝夏代的始年被确定为公元前 2070 年"。这样，"起码在公元前 2070 年前后，作为选拔官吏的考试已经在我国产生"。因此，可以说，"考试是中国的发明，中国是考试的故乡"。③

---

① 腾大春，主编. 外国教育通史（第一卷）[M]. 济南：山东教育出版社，2005：16.

② 杨学为. 中国需要"科举学" [J]. 厦门大学学报（哲社版），1999（4）.

③ 刘海峰，等. 中国考试发展史 [M]. 武汉：华中师范大学出版社，2002：8-9.

二、古代考试的发展

考试作为教育评价和选拔人才的手段，起源于我国并得以迅速发展。封建社会时期是我国古代考试发展的成熟期。在这一时期，从考试方法的创设到考试制度的建立与完善，我国始终走在世界各国的前列。汉代推行察举制。察举制是由地方官员察访人才并举荐给朝廷的一种人才选拔制度。它始创于西汉，发展于东汉，在魏晋南北朝及隋朝开皇年间都曾有所延续。察举制虽然以举荐为主，但在发展过程中也逐渐采用了考试的方法，使举荐与考试相结合，因而有助于更加全面、客观地衡量所选拔的人才。察举科目较多，大致分为两类：一类是定时举行的荐举考试科目，叫"常科"，包括孝廉、茂才、廉吏、尤异等；另一类是根据皇帝的需要临时开设的科目，为"特科"，主要有贤良方正、明经、明法、童子等。对策是汉代诏举贤良方正和茂才的主要考试方法。

此外，汉代开始设立太学。太学生每年考一次，并设甲乙两科，以区别学生水平的高低和授官职位的不同。东汉桓帝曾将满一年考一次改为满两年考一次，太学的考试方法有口试、策试、射策等。射策，就是事先出若干试题，由考生根据自身情况随意选答，然后再根据其答题的质量和数量评定其成绩高低。这是汉代太学在考试方法上的创举。察举制在魏晋南北朝时期改良为九品中正制。结果出现"上品无寒门，下品无世族"、国家选人用人的权力为豪门世族所把持的现象。

考试作为一种制度，一方面是指学校教育的学业评定制度，同时也是一种选拔人才的制度。不过，作为独立于学校教育之外、国家选士主要方法的考试制度，则始于我国科举制度的创立。

公元581年杨坚建立隋朝，公元589年统一全国。隋炀帝杨广于公元604年即位，随即进行了一系列的改革。大业元年（公元605年）闰七月，隋炀帝设立进士科，[①] 进士科的设置是科举制起始的标志。从此，中国开始进入以分科考试选拔人才任予官职的新时代——科举时代。

从考试制度的角度来看，科举制的诞生是一个过程，它萌发于南北朝末，开始于隋朝，完善于唐朝，经宋、元、明而定型，到1905年清朝光绪皇帝下诏废除科举考试，科举制度在我国延续了1300年。科举制对我国乃至世界各国的考试事业做出了巨大的贡献，推动人类的考试活动进入一个新的历史时期。

首先，它首次创立了以考试作为考察人才的主要方法，以考试成绩作为选拔人才的主要标准。

在古代中国，统治阶级历来都很重视从社会中下层中选拔人才，从而巩固统治阶级的统治地位。然而，在隋唐之前，统治阶级选拔人才的主要办法是地方官员的荐举，如周代的贡举制、汉代的察举制、魏晋南北朝的九品中正制，均属于推荐选才的制度。虽然在汉代，察举制在发展过程中也逐渐采用了考试的方法，使荐举与考试相结合，魏晋南北朝时期考试的作用又有所加强，但总的来说，隋唐以前选拔人才的主要办法仍然是荐举，考试只是一种补充手段。隋唐建立科举之后，考试才作为一种独立的取士制度，成为选拔人才的主要途径。

科举制，以考试的方法测量考生知识与能力的状况，是科学

[①] 刘海峰. 科举考试的教育视角 [M]. 武汉：湖北教育出版社，1996：25.

的；贯彻"有教无类"的思想，平民百姓（除少数娼、优、皂、隶及罪户以外），无须一定品位官员的推荐，均可自愿报名参加官府的入仕考试。这种民主、平等、开放的取士任官制度，促进了社会阶层的上下流动，缓解了统治阶级与平民之间的矛盾，巩固了中国古代的中央集权制度。

科举制度的创立，不仅对巩固中国古代封建制度起到极为重要的作用，对世界其他国家取士制度的发展也产生了重要影响。日本仿效唐朝的科举，于公元709年建立的考试取士制度。英国借鉴中国科举考试制度的经验，于16世纪建立的文官考试制度，成为西方现代文官考试制度的先导。正如孙中山先生所言："考试制度在英国实行最早，美国实行考试不过是二三十年，现在各国的考试制度，差不多都是学英国的。溯源穷流，英国的考试制度，原来还是从我们中国学过去的。所以，中国的考试制度，就是世界上最古最好的制度。"[①]

其次，它促进了古代考试方法的革新，实现了从口试到笔试的飞跃。

科举考试出现以前，中外各种考试以口试为主。隋唐创立科举考试之后，考试虽然也有口试，但却以策论、诗赋、墨义等笔试为主。笔试的出现及广泛应用，使得采用同一试题同时考测大量考生并保留试卷材料成为可能。科举考试中使用的帖经、墨义、策论、诗赋，是试题形式的重大进步，是现代考试中填空、简答、论述及作文等题型的源头。科举考试中创造的这些考试方法，至今仍有强大的生命力，仍是当今各国考试中普遍采用的主要方法之一。

---

① 孙中山选集（下卷）[M]. 北京：人民出版社，1956：585.

最后，科举创立了独立于学校教育系统之外的社会考试系统，第一次建立了人类历史上较为完备的考试制度。

在隋唐兴科举之前，考试在教育评价及人才选拔中虽广泛应用，但始终是作为教育过程和人才选拔过程的一个环节及学校教育制度和人才选拔制度的一个构成部分而起作用。科举制度创立之后，人类首次建立了独立的社会考试系统，使人们对考试的功能和作用有了全新的认识。科举考试，经唐宋到元明，制度逐渐完备，从考试的时间、科目及内容的设置、考试形式，到报考程序、考场纪律、保密措施等，都有相当严格、详细的规定。这些都对现代大规模社会性考试制度（如公务员考试）和机构的建立有重要的借鉴价值。[1]

总之，中国的科举考试，在考试方法及组织管理等方面，集古代考试之大成，对此后人类考试活动的发展有着深远的影响。其中的经验教训，对于研究当今的各种考试尤其我国的高考制度改革问题仍然有极强的现实意义。

第二节 考试的功能与原则

一、考试的基本功能

考试之所以能成为社会母系统中一个相对独立的子系统，并在千变万化的社会中得以发展，最根本的原因在于它有其他社会子系统所无法替代的功能。正如英国学者罗伯特·蒙哥玛利所

---

[1] 于信凤. 考试理论研究 [M]. 沈阳：辽宁人民出版社，1989：18-19.

言:"活的机体,只要具有多种功能,并善于适应环境的变化,就会蓬勃发展起来。考试之所以蓬勃发展,同样是由于它具有多种功能的性质:考试常常适应多种目的的需要,当某个目的过时了或者与它不相干了,考试仍然能够以其他理由而存在。"① 因此,研究考试的功能对于考试本身的发展及其与人类社会的关系尤为重要。

考试的功能,是指考试系统对外部环境所产生的功效、作用等,或者说是考试系统在与外部环境相互影响中所显现出的功用。考试的功能具有明显的二重性,即考试像一把双刃剑,它同时具有正向和负向双重功能。它既是促进人类及社会发展的重要机制,同时也可以给人类带来严重的负面影响。如何最大限度地发挥考试的正向功能而减少其负向影响,关键在于考试的科学设计、有效实施及对考试结果的正确使用。以当今最受人们关注的每年一度的高考为例,作为一种考试,高考同样具有正向功能和负向功能。倘若我们能科学地设计高考并规范实施,便可发挥高考引导、规范中学教学、促进学生努力向学的正向功能,否则,若高考的实施缺乏科学性、规范性,便会产生片面追求升学率、学生偏科、学生学业负担过重、学生无个性、学校无特色等负面影响。

考试功能的二重性使得我们无法完全消除考试的负面影响,而只能将考试对人的发展的负面效应尽可能地降低。此处所讲的考试的基本功能是指考试的正向功能,主要包括评定、区分、预

---

① (英)罗伯特·蒙哥玛利. 考试的新探索 [M]. 黄鸣,译. 南宁:广西人民出版社,1984:14.

测、诊断和反馈、激励和导向等功能。[1]

(一) 考试的评定功能

考试的评定功能，是指考试能够甄别、鉴定人在某些方面的知识、能力、技能等是否达到规定的水平和标准。以评定功能为主的考试，一般都有一个外在标准作为解释考试分数的参照，这样的考试称为目标参照考试，其目的在于检测考生是否达到规定的目标，考试结果通常反映为"合格"或"不合格"。学校教育中所进行的日常学业考试、毕业水平考试及各种职业资格考试，主要是发挥考试的评定功能。在学业成绩评定及职业资格评定中，人们总是将教学的认知和技能目标、某种职业在知识、能力方面的基本要求，作为考试命题和评分的基本依据，达到规定标准的定为合格，否则为不合格。这样一来，考试的过程实际上就是评定考生的知识、能力和技能是否达到事先规定的标准或目标的过程。正是在这个意义上，我们说考试具有评定功能。

考试的评定功能的有效发挥，首先在于将教学目标或职业资格分解并转换为可以直接测试的考试目标，这是考试命题的依据和评分的标准；其次是合理确定试题数量及分数的分布，使试题考核的内容对考试目标有较好的代表性，使考试分数能够反映考生达到规定目标的程度。

(二) 考试的区分功能

考试的区分功能，是指考试能够区分出人在知识、能力和技能方面的相对差异。

广义地说，评定性考试和区分性考试一样，功能都在于"区

---

[1] 于信凤. 考试理论研究 [M]. 沈阳：辽宁人民出版社，1989：58-65.

分"，只不过前者是区分考生是否达到规定的目标，而后者是区分考生之间的相对差异程度；前者的参照标准是考前确定的某一"外在标准"，后者是考后确定的"内在标准"。为了便于区分，区分性考试的结果往往用等距的（如标准分数）或等级的（如百分等级）分数系列来表示。

考试的区分功能在各种竞争性或竞赛性考试中表现得最为明显。学校教育中的各种升学考试、为选拔人员而举行的各种考试，都是典型的竞争性考试，这些考试的主要功能是区分考生的水平差异，即通过考试把考生区分为不同的等级，从而为人员选拔提供相应的依据。这便是考试的区分功能。该功能的有效发挥，在于提高考试试题的区分度，从而将不同水平的考生区别开来。

（三）考试的预测功能

考试的预测功能，是指考试能在一定程度上预测一个人未来的能力发展倾向和未来从事某种职业的适应性。

考试的预测功能也同样表现在为选拔人员而举行的各种竞争性考试之中。一般情况下，为选拔人员而举行的各种考试，目的不在于评定考生已取得的成绩大小，而是预测其今后的发展潜力或对选拔后所从事的工作的适应性。美国教育考试服务中心组织实施的学术能力性向测验（Scholastic Aptitude Test，简称SAT），就是一种以预测为主的考试，其目的不是考查考生在中学学了多少知识，而是了解考生是否具备入大学学习的基础知识和能力。培养飞行员的学校的招生考试，也是一种预测性考试。预测性考试的测试对象是尚未经过专门训练的考生，目的是预测其对未来训练的适应性和对未来工作的胜任程度。

考试之所以具有一定的预测功能，是由于人的智力高低与未来智力劳动的成绩高低有较高的相关，专门能力的高低与对相应的专门工作的适应程度、将来从事相应的专门工作的成就也有较高的相关。这就为未来成绩的预测提供了某种可能。通过考试，可以同时对一批考生测试这种具有相对稳定性的智力或专门能力，从而使考试结果具有某种预测性。

现实中，考试的预测功能一般通过以下两种途径得以实现。一种是通过特殊能力测验来预测考生接受特种职业训练和从事专业工作的适应性；一种是通过学习能力倾向或已有学习成绩的测验来预测考生对更高一级教育阶段学习的适应性，如美国的SAT考试、英国的中等教育普通证书考试及我国的高考。这些考试，并不是为了检测中学的教学效果，而是通过考试来了解考生的学习能力，进而预测其对大学阶段学习的适应性。

（四）考试的诊断和反馈功能

考试的诊断功能，是指考试能够发现考生在知识、能力的掌握及智力发展过程中的障碍和存在的问题。诊断性考试主要用于儿童智力发展诊断和教学问题诊断。

智力发展诊断一般通过智力测验得以进行。教学问题诊断通常有两种情况，一种是在新学期开始，或一门新课、一个新单元的教学开始之前，为了编班、确定教学内容与方法而进行的摸底考试、单元小测验等学习准备情况诊断；一种是在教学过程中，通过形成性评价发现问题后所进行的学习障碍诊断。诊断性考试，一般要求试题覆盖面广、难度低，以便能准确地诊断儿童智力发展和学习中存在的问题。

考试除具有诊断功能外，还能够提供考生知识、能力等的增长与预定目标偏离状况的信息，这便是考试的反馈功能。通过考试所提供的这些反馈信息，教师可以有针对性地改进自己的教学，学生可以有目的地改进自己的学习。反馈功能一般是在教学过程中通过各种形成性考试实现的。形成性考试也具有一定的诊断作用，在教学过程中常常与诊断性考试一起完成某些问题诊断的任务。

（五）考试的激励和导向功能

考试能够激励考生努力向学，促使教育者勤奋工作，并对他们的努力方向具有一种引导作用，这就是考试的激励和导向功能。在竞争性考试（如高考）和竞赛性考试中这些功能表现得尤为突出，甚至可能对考生的学习和成长过程产生巨大的影响。

考试对考生学习的激励和促进作用源自考生希望自己努力的结果得到社会承认的进取心理，这是考生努力学习的一种外部动机。应重视这种动机的积极作用，但也应防止过度看重考试的作用而导致应试教育现象的发生。

考试对考生学习方向的引导作用，产生于考试中的评分标准。对考生来讲，考试的目的就是获得高分，而为了获得高分，考生必须将考试标准作为自己学习的标准，把考试内容作为学习材料，同时通过训练适应考试所要求的答题方法。这样，考试标准、考试内容及考试方法对考生的学习和训练就产生了某种导向作用。这种作用在我国每年举行的高考中体现得最为明显。高考与中学教学的关系是教什么就考什么，但高考对中学教学又有强大的制约作用，实际上往往是考什么就教什么学什么，这就是高考具有的引导中学教学的功能。鉴于此，一项考试标准的制定、内容的选取及方法的采纳，不仅要考虑考试本身的直接目的，也要考虑这项考试对广大考生的学习和发展可能产生的影响。

上述考试的基本功能的划分只是相对的，有时很难截然分开。在各种考试中，这些功能常常又是综合起作用的。但这并不妨碍为了某种特定的目的而举行侧重发挥其某一方面功能的考试。实际上，着重发挥考试的何种功能、实现何种目的，是我们划分考试种类的主要依据。

二、考试的基本原则[①]

上文讲到，考试同时具有正向和负向功能，我们在实施各种考试时应发挥考试的正向功能，尽可能地减少其负面影响。为此，无论是什么类型的考试，也不管考试的具体目的是什么，在考试的设计、组织管理、实施方面以及在处理各种考试问题和规范考试行为时应遵循一些基本准则。不同类型、性质的考试有着各自的一些特殊原则，但是，无论什么样的考试都必须遵循具有普遍意义的基本原则。考试的基本原则主要包括科学性原则、导向性原则、发展性原则、客观性原则及公平性原则。

（一）科学性原则

科学性原则是考试的首要原则。考试要遵循科学性原则，是指考试活动的开展必须遵循考试的客观规律；考试的设计、组织与实施，都应以科学的考试理论为指导，并用科学的方法去分析、处理各种考试问题；应在科学的考试观念支配下，不断提高考试的科学文化水平。

考试科学性原则的贯彻实施，关键在于考试的设计、组织、管理与实施必须遵循三条基本规律，即社会发展规律、人的身心发展规律及考试自身的运行规律。

首先，作为社会母系统中的一个子系统，考试应随着社会的

---

① 廖平胜. 考试学原理 [M]. 武汉：华中师范大学出版社，2003：209-220.

发展变化而变化，以满足社会发展的各种需求。考试是人类社会发展内在需求的产物，即当出现社会分工，当社会需要从人群中选拔出领导者、管理人员、技术人员等主要从事脑力劳动的人员的时候，人类发明了考试。也就是说，考试是为了满足人类的某种需求而产生的。因此，为了自身的生存与发展，考试必须满足社会生产和社会生活的客观需要，这也是各种考试的共同目的。生活在不同历史时期的人们，要使考试科学有效地实施，发挥其正向功能，满足人们的客观需要，就应按照社会发展规律办事。考试目的、标准、内容与方法等，应随着社会生产力的发展、科学技术的进步而进行相应的革新，以符合社会对选才、育才、用才所提出的新的标准和要求。倘若考试的发展脱离社会发展的实际需求，不仅会阻碍人的智力的开发与利用，进而影响人才成长和社会发展，同时也会削弱考试自身的社会根基，并因此而失去其存在的价值。

其次，考试应符合考生的身心发展规律。考试是为人服务的，因此，它必须因人、适人，即考试标准的制定、内容的选择、方法的采用等，必须符合应试者的生理机能及心理特征。虽然任何考试的对象都是人，但不同年龄阶段的人有不同的身心发展特征，不同时代的人有不同的知识结构。因此，任何一种考试的设计和实施，必须符合应试者的身心发展特点。只有这样，才能比较真实地测量出应试者掌握的知识、能力状况，进而对其被测试方面的素质水平做出较为准确的判断。

最后，考试的设计与实施应符合考试自身的运行规律，即应按照考试目的设计考试，并严格按照考试流程组织，防止与考试无关的各种因素的干扰。从人类考试活动长期实施的效果来看，正确反映人类社会发展的客观要求，并符合应试者的身心发展特点，这仅是具备了取得预期考试效果的必要而非充分条件。要真正实现考试的目的，还必须按照考试自身的运行规律组织实施。倘若考试内容与考试目标不一致，考试方法与考试的标准、性质不相符，或考试流程缺乏严密的组织与管理，就会损害考试的科学性，影响考试的效益。

(二) 导向性原则

考试的导向性原则，是强调考试必须与国家意志相一致，应准确反映社会的价值观和人才观，并给人才的成长、发展及合理流动等以正确指引。考试的导向作用，也就是现实中人们认为的"指挥棒"作用，具有二重性，即正面和负面的导向作用。以我国的高考为例。若人们对高考有正确的认识并能科学有效地实施，高考便可发挥既可以为高校选拔优秀新生，又可以引导、规范中学的教学、有助于中学实行素质教育等正面导向作用。相反，如果人们过度看重高考，把高考当作中学主要的甚至唯一的教学目标，就会引发"片面追求升学率"、"应试教育"等诸多弊病。很显然，坚持考试的导向性原则，也就是要发挥考试的正面导向功能。为此，要处理好以下几个方面的关系。

一是考试与国家意志的关系。考试既是个人行为、社会行为，也是政府行为；是人才甄别、评价的一种手段，也是一种特殊的行政手段、社会控制手段和教育手段。因此，考试必须体现国家意志，即按照国家有关考试的法律法规、政策文件组织和实施考试，并通过考试标准、考试内容、考试结果的使用价值等，切实体现国家意志，使考试的价值取向与国家意志的指向相一致，从而使考试起到强化国家意志、促进民族融合及社会安定的作用。

二是考试标准与社会价值观和人才观的关系。考试标准是人才培养和使用标准的直接转换，对人才的成长与发展以及个人社会地位的升迁等，具有较大的诱惑力。因此，考试标准制定的科学与否是影响考试导向作用的关键因素。由于社会的价值观和人才观始终处于不断变化之中，因而考试标准的制定也应时刻关注这些变化，及时地将社会对人才的新的规格需求体现于考试标准中。只有这样，考试才能引导应试者及时更新知识、提高能力，促进自身的发展。

三是检前与导后的关系。检前导后是考试的基本特性之一。检前是为了导后，而要导后必须检前。这种关系在考与学的规律上表现为：考什么，就教什么学什么。因此，考试能否给应试者以正确引导，取决于检前的考试是否科学。要使考试既能科学检前又能正确导后，考试内容应偏重能力、素质的考查，同时考试形式、方法等应趋向多元化。

（三）发展性原则

考试是手段，发展是目的。任何一种考试活动，都必须以促进人的发展和实现人的价值为其最终目的；考试的标准、内容、形式与方法等，必须服从人的全面发展的需要，这就是考试的发展性原则。为了贯彻这一原则，应把握以下几点：

一是树立考试为人的全面发展服务的观念。考试之所以产生并伴随人类社会的发展而发展，就在于考试始终服务于人与社会，满足人与社会的某种需要。实际上，坚持为人的全面发展而考，既是考试的价值取向，也是人的考试活动目的的客观需求。因此，在对待考试的问题上，必须树立以人为本、以促进人的全面发展为目的的观念，使考试活动的过程，真正成为为了人的发展、服务人的发展、促进人的发展、实现人的发展的过程。

二是坚持全面检测，着眼整体素质的提高，拓宽个性发展的空间。为了实现考试促进人的全面发展这一根本宗旨，考试应体现科学性、全面性，使考试内容能体现人的全面发展的需求，有利于个性的充分发展和整体素质的提高。之所以如此，是因为只有通过全面检测，才有可能更为准确地判断应试者的个性特点，发现不同个体的潜能、优势所在；使应试者更为全面地了解和认识自我，明确自身的优缺点及需要奋斗的目标；也才能使身心素质不同的应试者各得其所，为个性的全面发展提供适宜的空间。

三是坚持考试的多样性。既然人的身心素质存在个别差异，而人对全面发展的需求又丰富多彩，因而作为测度、甄别、评价人的身心素质个别差异的考试，应呈现多样性。考试的多样性包括考试内容、考试形式及方法的多样性。坚持以考试的多样性优化考试的功能，从而不断提高考试适应人的全面发展需要的能力。

（四）客观性原则

考试的客观性原则，是指考试结果必须能真实反映应试者所掌握的知识、能力、技能等水平。考试的客观性，不仅是指对考试结果的判定必须客观，即所判分数或等第能准确反映应试者表现出的实际水平，同时也要求应试者在考试时所反映出的身心素质水平，应真实反映其被测方面客观存在的质与量。很显然，考试的客观性是以考试设计的科学性、考试组织与实施的规范性、考生作答的真实性及成绩评定的准确性为前提的。

要确保考试的客观性，需要考试系统内外各方面的协调与配合。不仅要通过考试队伍结构的优化和素质的提高，考试技术手段的革新，提高考试的信度、效度，还要加强考试政策、法规等的制定与宣传，努力为考试实施创造一个良好的外部运行环境。当然，考试的客观性只是相对而言，绝对的客观是不存在的。强调考试必须遵循客观性的原则,并以考试结果的客观性作为评价考试质量高低的重要标准,目的在于科学引导考试活动。考试工作者只有尽力减少因无关因素的干扰所造成的考试误差,力求最大限度地反映应试者在被测方面客观存在的质与量,才能不断提高考试活动的社会价值。

(五)公平性原则

考试是人类社会追求公平、民主的重要手段之一。考试的公平性,是指考生在考试活动中应享有同等的权利和待遇,主考者对考生身心素质水平的评价必须公正。在考试实践中,考试的公平性原则主要体现在以下几个方面:一是报考权利的平等。凡符合规定报考条件的人,都有报名参加考试的权利,不受性别、年龄、民族、家庭出身、居住地区、宗教信仰、风俗习惯等条件的限制。如2007年我国普通高等学校招生工作规定,符合下列条件的人员,可以申请报名参加考试:遵守中华人民共和国宪法和法律;高级中等教育学校毕业或具有同等学力;身体健康。二是应试规则无异,应试环境大体相同。参加同类同次考试的考生,其应试的程序和规则必须同一,并在内外环境大体相同的应试场所参加考试。三是考试内容要体现公平性。考试内容,对于参加同类同次考试的考生,应有同等的作答机会和基本相同的答题条件,不致因考生文化背景、家庭出身的不同而造成作答机率的失衡。如为了保证考试的公平性,我国高考命题要求实现试题素材和解答要求对所有考生的公平,避免偏题、怪题,尽量考虑城市和农村不同的教学条件和能力,避免需要特殊背景知识和特殊解答方式的题目。四是考试成绩的评定要公正。对考试成绩的评定,要严格按照统一规定的评分规则和标准进行,同时,所评定的分数或等第应与考生作答结果的实际水平相一致。五是考生成绩的价值应同等。凡成绩相同的考生，应享受同等待遇，做到成绩面前人人平等。六是竞争权利及条件应平等。同一测试群体的考生，应是具有同等竞争权利的竞争主体，其竞争的条件应公开，规则应同一，机会应平等。

虽然追求公平是考试的基本原则之一，我们也应坚守这一原则，但考试的公平是相对的，没有绝对的公平。有时为了追求考试的高效率反而要以牺牲考试的公平性为代价。考试公平性的维护，只能是在特定的历史条件下，在考试公平与效率之间寻求某种平衡。

以上论述的作为各种考试活动应该遵循的基本原则，彼此间密切相关，作为一个相互依存的原则体系，综合运用于考试实践。同时，这些基本原则，同样随着考试实践的发展以及人们对考试活动认识的不断深化而发展变化，具有很强的实践性和鲜明的时代性。因此，只有将考试的基本原则与考试实践活动有机结合，才能充分发挥考试原则对考试实践的指导作用，并在指导实践的过程中使之逐步完善。

第三节 考试的种类与要素

一、考试的主要种类与形式

不同的考试有不同的目的。不同的考试目的，决定了考试的不同种类。不同种类的考试，从考试的设计、试题的编制，到考试分数的解释与使用，都有一些不同的要求，呈现出不同的特点。从不同的角度和不同的目的，可以将考试划分成不同的种类。

从其社会运用角度来看，考试可以分为两大类：人事考试和教育考试。考试运用于人事工作领域，主要是为人员的选用、安置和职业能力倾向预测等服务的。我国古代的科举考试、现在的公务员考试、律师资格考试、会计资格考试都属于人事考试。在教育领域中所开展的各种考试，目的在于检查学校的教育教学情况及评价学生的学业成绩等。学校举行的毕业考试、上一级学校的招生考试、校外会考、自学考试都是教育考试。在教学过程中进行的形成性测验（如单元考试），以及诊断性与终结性测验（如期末考试），是最为常见的教育考试。

按考试的目的来划分，考试可以分为选拔考试、水平考试和教学类考试。为选拔人才而进行的考试，称为选拔考试，测量学上称为常模参照考试。这类考试的目的在于考查被试的个体差异，一般用于衡量被试相对水平的、以选拔为目的的大规模测验。我国现在每年举行的普通高等学校招生全国统一考试、研究生入学考试、公务员考试都属于这一类。在此类考试中，把考生的分数单独拿来解释是毫无意义的，必须将它与整个考生群体的分数进行比较，以便确定每个考生的水平在考生群体中的相对位置。以高考为例，由于国家是根据每年的招生计划从高分到低分录取新生的，因此，单个考生的高考分数本身并无价值，而只有它在整个考生群体中的相对位置才有意义，因为这意味着考生能否最终被录取。

为考察考生是否达到规定标准的考试属于水平考试，测量学上称为目标参照考试。此类考试的目的为，以考生应该达到的知识、能力和技能水平作为目标，通过考试检测考生实现目标的情况。自学考试、中毕业会考、各种职业证书考试都属于这一类。以自考为例，试卷的水平对考生而言是绝对的，即根据考试大纲确定考试范围和标准，这个标准不会因考生水平的变化而变化，考试的目的是鉴别考生是否达到了这个标准，达到即为合格，否则为不合格。

学校或教师为进行或改进教学而举行的各种考试，是教学类考试。如有些学校在开学之初为了解学生原有的知识、能力水平而进行的摸底考试。再如在教学过程中教师为了解学生对所学内容的掌握情况以及学生在学习过程中存在哪些困难而进行的诊断性考试。此外，当教学告一段落，为检测学生是否掌握了教学内容、是否达到了教学目的，学校举行的各种阶段性考试，如期中、期末考试，也属于教学类考试。这些考试都是为实现既定的教学目的服务的，一般与教学工作一起统一安排。

若按所要考查内容的侧重点，可将考试划分为知识考试、能力考试、技能考试和智力考试。知识考试即着重考核对学科知识掌握程度的考试；能力考试就是考核人们某种专门能力水平的考试；技能考试即着重考核对某项技能掌握程度的考试，如国家计算机等级考试；智力考试就是考核人们智力发展水平的考试，对儿童进行的智力测验即属于此类。由于知识、能力、技能和智力密切相关，因此，对某一方面的考核必然会涉及其他方面。现实中纯粹对知识或能力考查的考试很少，大多数考试既考查知识，也会涉及能力、智力等。此处的划分，只是就考试所要考查的侧重点而言的。

除以上划分考试的类别外，还可根据其他方式划分考试。如：按考试发挥的功能，可将考试分为成绩考试、资格考试、学能考试和诊断考试；按考查的内容范围，考试可分为单科考试和综合考试；按评分的客观程度划分，有主观性考试和客观性考试，等等。

以上从不同的角度对考试所作的划分，是相互交叉的，一种考试，有时可以分属于不同的类别。在不同种类的考试中，当前影响较大、应试人数较多的是选拔考试。

不同种类甚至同一种类的考试，其考试形式也会有所不同，一种考试采用何种形式取决于考试的目的、内容及可能使用的技术条件。

使用纸、笔进行的考试是笔试，由考生口头作答的是口试。此外还有实验、操作考试。随着网络技术的发展，后来又出现了借助网络进行的考试。考试可以闭卷，也可以开卷。开卷考试可以不受场地、时间的限制，采用作业、论文等形式。同一试卷的题型可以有不同的形式，可以是选择题、填空题、简答题，也可以是论述题等。

考试的形式是随着社会的发展而发展的。随着社会及科学技术的进步，考试形式也会更加丰富，届时，新的考试形式也将会出现。

二、考试制度的要素[1]

科举考试制度的产生，对世界各国的考试制度产生了重要影响，英法等西方国家的文官考试制度，正是在借鉴中国科举考试制度经验的基础上发展起来的，如今，考试制度已遍及各个国家、各个行业。

考试制度的实行一般都由国家法律或行政命令决定。如《中华人民共和国教育法》第二十条规定："国家实行国家教育考试

---

[1] 杨学为，廖平胜. 考试社会学问题研究 [M]. 武汉：华中师范大学出版社，2003：20-24.

制度"。纵观世界各国考试，虽然对考试制度应包含哪些因素没有统一的规定，但大体如下：

（一）考试的举办者，应是公认的权威机构

如古代科举考试由朝廷举办，殿试以皇帝的名义举行。《中华人民共和国教育法》规定："国家教育考试由国务院教育行政部门确定种类，并由国家批准的实施教育考试的机构承办。"我国的高考由教育部举办。美国的学术能力性向测验（Scholastic Aptitude Test，简称 SAT）由美国教育考试服务中心（Educational Testing Service，简称 ETS）组织实施。日本的大学入学考试由大学入学考试中心（National Center for University Entrance Examination）在全国统一组织实施。

（二）明确规定考试的目的、种类和性质

如我国规定高考是合格的高中毕业生和具有同等学力的考生参加的选拔性考试，高考的目的在于为高校选拔优秀新生提供依据。此外，美国教育考试服务中心规定，SAT 考试的目的不是考查考生在中学学了多少知识，而是了解考生是否具备入大学学习的基础知识和能力。

（三）考试分为不同的等级

古代科举考试有严格的等级划分，如清代科举做如下划分：童试，合格者称秀才；乡试，合格者称举人；会试，合格者称贡士或进士；殿试，分一、二、三甲，一甲第一、二、三名分别为状元、榜眼和探花。现在全国计算机等级考试分四级，全国英语等级考试（PETS）分五级。

（四）明确规定参加考试的对象

古代科举考试规定娼、优、皂、隶、罪户及父母丧期（3年）不得投考。2007 年我国普通高等学校招生工作规定高级中等教育学校毕业或具有同等学力者，遵守中华人民共和国宪法和法律，身体健康，可以申请报名参加考试。

（五）明确规定考试科目及内容

如唐代科举考试"常科"考试科目主要有秀才、明经、进士、明法、明字、明算六科，外加武举和道举，到明清时科举考试科目演变为四书五经。现在国家每年举行的高考都颁发相应的考试大纲或考试说明，规定考试科目、内容、题型及出样卷等。如《2007年普通高等学校招生全国统一考试大纲》对最早参加高中新课程实验的山东、广东、海南和宁夏四个省区2007年高考各科的考试内容做了统一的规定。考试科目由各省自行规定，如广东省首届参加高中新课程实验的高中毕业生2007年参加高考的考试科目为"3＋文科基础/理科基础＋X"，"3"指语数外；"文科基础"包括政史地、物化生；"理科基础"包括物化生、政史地；"X"为专业选考科目，有政史地、物化生、音乐、美术、体育等，每位考生至少选择一门专业选考科目。

（六）规定考试的形式、日期、场次及时限

如现在我国的高考以笔试为主，报考外语专业的加口试；考试日期为每年6月7日、8日（个别省份因考试科目不同，时间延长至6月9日）；每天场次科目不等，每场考试时间120—150分钟。有些考试，每年举行好几次，如美国的SAT考试，现在是每年举行7次，考试时间为3小时45分钟。

（七）明确规定考试规模

如高中会考为省级考试，由省命题、县地评卷。高考为全国统一考试，教育部统一命题，各省、自治区、直辖市评卷。从2000年起，教育部开始在全国部分省份进行高考分省命题试点工作。截至2008年，全国已有北京、天津、上海等16个省市开始实施自主命题。虽然是分省命题，但从考试规模及考试时间等方面看，高考依然是全国性的统一考试。

（八）明确规定考试的组织、管理工作

一般而言，考试的主办机构都要对试卷的命题、印刷及运输，考场的划分与编排，主考、监考的职责，考生的报名手续，答卷的装订与运输，评卷组织等工作做出明文规定，以防不测。如教育部《普通高等学校招生全国统一考试分省命题工作暂行管理办法》对命题组织和管理、命题工作人员的选聘、安全保密、命题工作程序与基本要求、命题工作的技术规范等工作进行了详细的说明，以保证考试的科学公正、安全有效和准确规范。

（九）明确制定防止泄密、惩治舞弊的法规

有考试就有舞弊。为了防止舞弊，必须要有相应的惩罚措施。我国古代科举考试对作弊者有相当严厉的惩罚措施，到清代时惩罚措施最为严厉，竟有腰折。我国目前关于泄漏试题等均依照保密法、刑法的有关条文予以惩处。如对泄漏高考试题者，根据刑法规定处以5—7年的有期徒刑。然而，关于考场舞弊，则无法可依。可喜的是，国家有关部门正在研制《考试法》，希望该法早日出台，使我们的考试活动步入有法可依的轨道。

（十）分数制度与信息反馈

考试之后都会有分数报告，只不过不同的考试，其分数报告形式有所不同而已，有的采用等级制，有的采用百分制，也有的采用标准分制度。水平考试一般采用等级报告成绩，而对于选拔性考试，如高考，一般采用标准分制度比较科学。我国高考曾经实行过一段时间的标准分数制度，遗憾的是，由于各种原因，该制度最终并未在我国普遍实施，目前全国只有海南省仍采用标准分数制度。从某种意义上讲，这不能不说是历史的倒退。考试，除报告分数，用于录取新生、发放证书外，尚有许多信息可以利用。如可以利用考试结果提供的各种信息，对考试本身的信度、效度等进行分析，也可以利用这些信息对应试者的知识、能力水平、学校教育的教与学进行相应的评价。加强考试的评价功能是教育教学的重要任务之一。

【复习思考题】

1. 我国古代的考试制度尤其是科举制度对现代的考试有何借鉴与启示？

2. 考试有哪些基本的功能？如何理解备受社会各界关注的高考的本质功能？

3. 考试有哪些主要种类？考试的制度要素一般包括哪些内容？

附：

冒籍哪顾亲爹娘[①]

科举考试除了要求考生出身清白，还有其他一些要求。比如，为了保证各地应举士人的比例协调，便于考查他们的出身、德行，一般地方乡试、会试都要求考生在籍贯所在地逐级参加考试，与我们现在高等学校招生统一考试要求考生在户口所在地报考的情况类似。所以，一到考试的时候，在外宦游或求学的士子们纷纷返回家乡，准备应试。但是，也有一些人来不及返乡或不想返乡，怎么办呢？只有冒充当地籍贯。这在各朝都是禁止的，

---

① 熊庆年. 中国古代科举百态 [M]. 上海：东方出版中心，1997：43-45.

"冒籍"禁止归禁止，总有人会想办法。

宋人的《闲居诗话》里提到这样一件事。宋真宗天禧二年（公元1018）秋，在谯郡（今安徽亳县）有一个福州人周总，眼看乡试日期临近，可他还因故滞留在此。回福州肯定来不及了，唯一的办法只有冒籍。可人生地不熟的，怎么弄法呢？正在一筹莫展时，有人提醒他，知州不是你的旧相识吗？何不找他想想办法。周总一拍脑袋，连忙来到知府衙门。知州听周总说明来意，皱起了眉头。"朝廷再三申明规定，不许冒籍，可不是闹着玩的。"可看看眼前桌上摆着的厚礼，知州不语，捻着胡须沉思了片刻。"有了"，知州附在周总耳边，悄悄说了几句，周总连连拱手称谢。原来，知府衙门里有一个小官叫周吉，知州让周总认周吉为父，报名时祖上三代的姓名也都用周吉家的。既然是官家子弟，那还有什么说的。周总顺利地报上了名，如期应考。不知是老天保佑还是换了祖宗的缘故，周总居然考中了。周总满心欢喜，写信向父亲报喜，父亲写了一首诗寄回给他。诗是这样写的："文章不及林洪范，德行全亏李坦然。若拜他人为父母，直须焚却《蓼莪》篇。""洪范"是《尚书》的篇名，"蓼莪"是《诗经》的篇名。诗里的"林"、"李"不是实有其人，而是周总的父亲故意嵌进去讽刺他随意改祖宗三代的名字。全诗的意思是：你文章不怎么样，一点德行也没有，不要祖宗，还觉得坦然；如果你情愿拜他人为父母，只要把《诗经·蓼莪》篇烧掉就行了。孝是封建礼教道德的核心内容之一，不孝是大逆不道，而拿祖宗开玩笑，认他人为父，就是不孝。周总收到父亲的这首诗，满心的欢喜一下子消失得无影无踪。"不孝"二字直在脑子里盘旋，他再也打不起精神，整日里闷闷不乐，不久郁积成疾，一命呜呼了。

为了防止冒籍，宋代曾有人建议登记士籍，用我们现代的话说就是建立知识分子档案。而且，让参加科举的人互相作保，一旦发现冒籍，保人同罪。但是，社会动乱和战争往往使人口迁移，读书人流落他乡，民籍难保不变，朝廷也不得不放宽政策。谢肇淛的《五杂俎》记载，明代初年，浙江会稽的章礼在北方京畿地区参加乡试得中，很多人上告，说他冒籍。事情捅到明太祖朱元璋那儿，朱元璋问大臣，什么叫冒籍。大臣们告知原委后，朱元璋说：普天之下都是我的秀才，什么冒籍不冒籍的！有人赞扬朱元璋的做法，其实朱元璋并没有那么高的境界，只是他心里清楚，经过元明之际的战乱，百姓大量迁徙，依照原籍参加科举的原则很难坚持。

当然，社会一旦稳定，就必然要求按籍贯应试，禁止冒籍。明景泰四年（公元1453），顺天府发现取中的举人中有12名是冒籍的，结果全都被抓进特务机关锦衣卫的监狱治罪，而且终身不许再参加科举。清代发现冒籍的往往也要治罪，因为不这么做，就会造成地区之间的不平衡，产生其他矛盾。

第二章
考试的质量指标

什么样的考试是一项"好考试"?从根本上讲,评价考试质量的标准,是准确反映考生掌握知识与能力的真实情况的程度。这种反映越是准确,考试就越科学。而为了衡量考试的这种准确性,就应该有相应的衡量指标。从测量学角度来看,衡量考试质量的指标主要有信度、效度、难度和区分度,前两个指标主要是对考试整体而言,后两个指标主要是对考试题目而言。

第一节 考试的信度

一、考试信度的概念

信度(reliability),指的是一项测量结果的稳定性、可靠性。如用一把尺子反复测量一物体的长度，多次测量的结果非常一致，说明该测量的信度较高；反之，若多次测量的结果很不一致，则表明该测量的信度很低。可见，信度指的是测量结果的稳定性程度，也就是说，如果用同一测量工具反复测量同一对象，则多次测量结果间的一致性程度就叫信度。信度是反映测量一致性程度的指标。

考试的信度，是指考试结果的可靠性，即考试分数的可靠性。也就是说，对同一对象进行多次同样的测试，所得结果的一致、稳定程度。这里所说的"同样的测试"，是指考试方法、条件都相同的考试。如使用同一份试卷，在条件大致相同的情况下测试同一组考生；或使用考查的内容、形式、难度都相同，只是具体题目不同的试卷，测试同一组考生。

那么，多次测试结果的一致性程度指的是什么呢？它指的是在多次测试中，各个考生的分数的排列顺序是否有变动，变动了多少；各考生分数之间的相对距离是否有变动，变动了多大。可见，考试的信度，关心的是一组分数的分布形态及变异程度，而不太关注各个分数的绝对值、平均值等。[①]

考试的信度是表示一项考试的结果是否真实、客观地反映了考生的实际水平的重要指标。具体而言，可以从以下几个方面来理解信度的内涵。

（一）信度指实测值与真值相差的程度

考试所得到的分数称实测值，通常用 X 来表示；考生对考试内容掌握的真实水平和程度称真值，通常用 T 来表示。真值

---

① 于信凤. 考试理论研究 [M]. 沈阳：辽宁人民出版社，1989：131-132.

只是一个理论概念,在实际测量中是得不到,得到的只能是实测值。考试的目的之一,就是希望实测值能够接近真值。但由于各种原因,实测值与真值之间总是存在一定的差距,这个差距就是测量误差,通常用 E 来表示。在测量中测量误差可能是正的,也可能是负的,也就是说,考试的实测值可能大于真值,也可能小于真值。它们三者的关系可用下面的公式来表示:

$$X=T+E$$

从该公式来看,在考试中,测量误差越小,实测值就越接近于真值,那么考试的分数就越可靠,考试的信度就越高;测量误差越大,实测值就越远离于真值,那么考试的分数就越不可靠,则考试的信度就越低。

现实中,由于真值无法得到,因而测量误差也就无法得知。当然,可以把多次考试所得的实测值的平均值作为真值的近似值,但这在实践中不具有可操作性。据此,无法求出信度的大小。

(二)信度指统计量与参数之间的接近程度

统计量和参数是统计学中的两个基本概念。统计量是指样本上的各种数字特征,如样本的平均数、标准差等,参数是总体上的各种数字特征,如总体的平均数、标准差等。统计量越接近参数,说明这个统计量的可靠性越高,因而信度也就越高。要知道统计量与参数的接近程度,可以对参数进行区间估计。但这种理解也无法计算出信度。

(三)信度指两次重复测试或等值测试之间的关联程度

如果对同一组对象进行两次重复测试或等值测试后,计算两次测试的相关系数,系数越高,说明测试的信度就越高;反之,就越低。对于信度的这种理解,有利于信度的计算,这是计算信度的一种简便易行的方法。由于重复测试会受到被试知识、经验的增长等因素的影响,完全的等值测试又很难编制,因此,采用这种方式计算信度,也是有误差的。

二、考试信度的类型

信度反映了考试结果受随机误差影响的程度。根据考试误差来源的不同,可将信度分成若干类型。常见的考试信度的类型有再测信度、复本信度、分半信度、同质性信度和评分者信度。

(一) 再测信度

再测信度指的是用同一份试卷对同一组被试施测两次所得结果的一致性程度,其大小等于同一组被试者在两次考试上所得分数的相关系数。若对同一组被试者施测多次,其再测信度可用每两次考试结果的相关系数的平均数来表示。

再测信度有个基本假设,即假设某考试所要测量的特质,短期内不会随着时间的推移而改变。因此,再测信度的用途在于估计考试结果即分数经过一段时间后是否仍然维持稳定、一致,因此又称为稳定性系数。

然而,现实中,人类的某些潜质、特质是会随着时间而发生改变的,因此,再测信度的高低与两次考试时间的间隔长短有密切关系。一般而言,时间间隔越长,在此期间可能由于被试的身心发展、学习、教育等缘故,而易使信度降低;反之,时间间隔越短,则可能由于被试的练习与记忆而使信度提高。所以,任何一个考试由于再测时间间隔的不同,都有可能有多个再测信度系数。那么,究竟两次考试间的时间间隔应该多久才恰当呢?一般来说,两次考试的时间间隔,最合适的是被试的遗忘和练习的效果基本上相互抵消的时间间隔。

再测信度是估计信度最简单最明确的方式，它只需用同一份试卷对同一被试测试两次即可，比编制两套等值的试卷要省时、省力，同时，同一份试卷无论施测几次，所测量的属性是完全相同的。

不过，再测信度也有一定的缺陷：所测信度的大小，常常受两次考试时间间隔长短的影响；第二次考试时，往往由于被试对考试失去兴趣而造成两次考试结果的不一致，从而使信度降低；被试在两次施测时的状态，如身体状况、态度、积极性以及两次考试情境的变化都是导致考试误差的因素，最终会影响信度的高低。同时，实施两次考试，耗费人力、物力、财力和时间。

需要指出的是，再测信度一般适用于异质性考试。所谓异质性考试就是一个考试包括几个不同的部分，这几个部分分别测量几个不同的特质，它们之间可能不存在相关或相关很低。这时，再测信度是比较可靠的。另外，再测信度适用于速度考试而不适用于难度考试。因为速度考试的试题数量多，而且有一定的时间限制，被试很难记住第一次施测的内容，因此第二次施测很少受到记忆的影响。再测信度还适用于运动技能的考试，如跑、跳、掷等，这些考试成绩很少受重复测试的影响。

（二）复本信度

复本信度是指两个平行的考试测试同一批被试所得结果的一致性程度。这两个考试在性质、内容、题型、题数、难度等方面都相当，且都是用来测试相同的特质或属性，只是具体题目不同，故称作复本考试或平行考试，如高考中各科目命制的 A、B 试卷。复本信度的大小等于同一批被试在两个复本考试上所得分数的相关系数。若复本的个数在两个以上时，复本信度可用每两个复本考试结果相关系数的平均数来表示。

复本考试有两种方式：一种是在同一时间连续施测，目的在于了解考试内容造成的误差大小，即检测两个考试是否为真正的平行考试，这种复本信度称作等值性系数。另一种是间隔一段时间后施测，这不仅反映出考试内容的抽样误差，也反映了被试本身状况的改变，这种同时兼顾试题抽样与时间影响的信度，称作等值稳定性系数，这种复本信度是对信度最严格的检验。

无论从理论还是从实践层面来看，复本信度是考查考试可靠性的好方法，它不仅适用于难度考试，也是估计速度考试信度的好方法。在从事追踪研究或探讨某些影响考试成绩的因素时，大多使用复本考试。

然而，复本信度也同样存在一些缺点：若两次施测间隔时间太长，被试的第二次考试成绩也难免受学习、练习等的影响；若两次施测同时进行，容易使被试疲劳，可能降低完成考试的积极性，因而影响到考试结果；两次施测也消耗相当的人力、物力等，不够经济。此外，复本信度的获得，首先要编制出两份或两份以上的平行试卷，而实际上编制两个完全相等的试卷是很困难的。若两个复本过分相似，则变成了再测的形式；若过分不相似，又使等值的条件不存在，两个复本考试有可能在某种程度上测试了不同的特质，这就会使考试信度降低。

（三）分半信度

所谓分半信度，是指将考试施测于某一被试总体，然后将考试分成对等的两半，再求被试在每一半考试上的分数的一致性程度。

计算分半信度的方法并不难，关键是如何将考试分成相等的两半。分半的方法很多，一般常用的有三种：一是完全随机分半。二是按题目的奇偶分半，即将奇数题组成一部分，偶数题则构成奇数题的复本。这种方法保证两半考试都包含了原考试开头、中间和结尾的同等数量的题目，因而平衡了很多干扰效应。三是按题目的内容分半，再将各内容块的题目奇偶分半，这是最有效也是应用最广的分半方法。

由于分半的方法不同，所以同一个考试通常会有好几个分半信度值。不论如何分半，一般在分半后都应考查分半的情况，看是否需要作一些调整，其目的在于分成真正对等的两半。如果一个考试无法分成对等的两半则不宜使用分半信度。

分半信度的误差来源于考试的分半过程。但分半法只需要根据一次考试来估计考试的信度系数，避免了再测法和复本法的误差来源及不可行性。因此，分半法是最常用的信度估计方法。

（四）同质性信度

同质性信度是指考试内各题目间的一致性程度。题目间的一致性有两层含义：一是指所有题目都以同等程度测量着被试的同一种属性；二是所有题目得分间具有较高的相关。也就是说，同质性信度就是一个考试所测内容或特质的相同程度。

同质性信度的假设是：当一个考试具有较高的同质性信度时，说明考试主要测的是某个单一心理特质，由于众多的题目测试同一特质，那么实测结果就应该是该特质水平的反映。如用一道选择题测试被试的某一能力，偶然因素很多，无法反映被试的真实水平。若用更多的题目来测被试的这一能力，同时这些题目如果是测试同一能力的话，那么，随着题量的增加，必然会更加客观地反映被试的真实水平。

如果一个考试同质性信度不高，说明考试结果可能是几种心理特质的综合反映。这时对考试结果的解释，一种办法是将考试分解成多个各具同质性的分考试，再根据被试在分考试上的得分做出具体心理特质的解释。

同质性信度适用于同质性考试而不适用于异质性考试,同时它适用于难度考试,而不适用于速度考试。此外,在采用同质性信度指标时应注意:并非所有的考试都要求题目间有很高的一致性或同质性。当考试用于预测或考查学生的学习成就时,一般并不考虑同质性。而当考试用于测量某种心理学理论的假设时,便要求高度的同质性,否则无法对考试结果做出有意义的推论。很显然,必须根据考试的目的来决定是否采用同质性信度的评估方法。

（五）评分者信度

评分者信度是指多位评分者对同一组被试的答卷进行评分的一致性程度。对于由客观性题目组成的考试,由于每个题目都有固定的答案,评分较少受到评分者主观因素的影响,因此一般无需考虑评分者评分的一致性问题。但是,对于由主观性题目组成的考试,如论文、作文,因为没有固定答案,参考答案中只有答案要点,因此,评分受评分者主观因素的影响较大,不同的评分者对同一份答卷可能会给出不同的分数。评分者评分的差异是较大的误差来源之一,这时必须考查评分者评分的一致性问题,所得指标即评分者信度。

要计算评分者评分的一致性系数,需区分评分者的人数。若是两人评 N 份试卷,评分者信度等于两个评分者给同一批被试的答卷所给分数的积差相关系数或等级相关系数。当评分者人数多于两人时,可用肯德尔和谐系数（参见有关教育测量学教材）估计评分者信度。

以上只是对常见的考试信度的几个主要类型进行了概述。实际应用时究竟采用哪种类型来估计考试的信度,要根据考试的目的等具体情况而定。总的原则是，一场考试哪种误差较大，就应当用哪种误差来估计。有时一场考试需要用几种信度系数来进行估计。那么，信度系数的值多大考试才算可靠呢？对于该问题没有明确的标准，要看考试的性质、内容，估计信度的方法，施测的时间间隔，被试样本的容量及分数差异情况等。一般而言，学科成绩考试的信度系数应在 0.90 以上；智力测验的信度系数应在 0.85 以上；人格测验的信度系数应在 0.80 以上；教师平时自编的学科成绩考试的信度系数应在 0.60 以上。

三、影响考试信度的因素

考试的信度是评价考试质量的一个重要指标，因此，在实际中我们都希望考试有较高的信度。然而，提高考试的信度并非易事，因为影响考试信度的因素很多。各种人为干扰（最明显的是考试舞弊）和考试误差的来源（如考试本身所引起的误差、考试实施中所引起的误差以及被试所引起的误差等）都是影响考试信度的因素。这里从考生及考试试题和试卷编制的角度，论述影响考试信度的几个主要因素。

（一）考生之间的差异

考生个体之间的差异对考试信度的影响表现在：考生个体之间的差异越大，同一个考生在两次考试中的分数差异，越可能相对地小于不同考生分数之间的差异，各考生成绩大小排列的次序被打乱的可能性就越小，两次考试的分数排列次序就越一致，因而考试的信度就越高。相反，若考生个体之间的差异较小，同一个考生在两次考试中的分数变动，相对地大于不同考生间的分数差异，两次考试中的考生分数的大小次序就会发生大的变动，考试信度就较低。简单地说，就是考生之间的差异越大，越可能产生较广的分数分布,考试结果的稳定性就越高,因而考试的信度就高。反之,考试的信度就越低。

考试信度与考生之间差异的这种关系告诉我们,同一份试卷,施测于自身差异较大的考生组,就可望获得较高的信度,施测于自身差异较小的考生组,信度就较低。

(二) 题目的数量

一般来说,题目的数量越多,考试的信度就越高,其主要原因在于:题目越多,试题的取样越适当;题目越多,考试分数受猜测的影响越小,因为当题目足够多时,考生猜对与猜错的题数校正后将趋于互相抵消,考试的结果便更为可靠。

题目的数量越多,考试的信度就越高。考试的信度与题目的数量成正比的关系,用斯布公式表述为:

$$r_{kk}=nr/1+(n-1)r$$

这里,r_{kk}为题目增加或减少后的信度估计值;

r为考试原来的信度系数;

n为题目增加或减少的倍数。

假设有一份试卷原为40题,信度系数为0.50,如果将题目数增加到120($n=3$)时,则信度系数为:

$$r_{kk}=3\times 0.50/1+(3-1)\times 0.50=0.75$$

需要指出的是,用斯布公式来计算题目数量与信度的关系时,有一个前提,即新加的题目与原题目同质,且难度水平也相当。

虽然从理论上讲,题目的数量越多,考试的信度就越高。但低信度的考试不能只用增加题量的办法来提高考试的信度,特别是在题量已经较大时,若信度不高,就应该从其他方面寻找原因,对于试卷的编制来说,则应该是着重提高试题的编制质量。

(三) 试题的难度与区分度

试题的难度（指全部试题的平均难度）虽然与考试的信度并没有直接的关系，但试题的难度与考试分数的分布有直接关系，而分数分布范围的大小却影响信度的高低：分布范围较大，信度较高；反之，信度较低。

若试题太难，则考试分数成正偏态分布，结果是多数考生成绩集中在低于平均分一侧；若试题太易，则考试分数成负偏态分布，结果是多数考生成绩集中在高于平均分一侧。分数无论是正偏态分布还是负偏态分布，都会缩小分数分布的范围。分数分布范围的缩小，必然导致考试信度的降低。这意味着，可能产生较广的分数分布的难度配置，有利于考试信度的提高。

除此之外，在客观题考试中，试题的难度还通过猜测因素的增减影响考试的信度。试题难度越大，考生对选择、判断题作随机猜测的可能性越大，从而加大施测中的随机误差，降低考试的信度。

试题的区分度本身反映的就是试卷内部的一致性程度，因而与考试的信度有密切关系。区分度越高，试题的同质性越高，内在一致性系数也越高，说明考试有较高的信度。

第二节 考试的效度

考试的信度高低表明考试结果的稳定与否，是评价考试质量的一个重要指标。但是，即使考试的信度令人满意，也不能就此说这是一个好考试或高质量的考试。这好像一把尺子，即使用它多次测量某物体的结果非常一致，但由于尺子本身刻度不精确，因而所得的稳定的测量结果总是以一定的规律偏离物体真正的长度。那么，很显然这把尺子的测量是无效的。而若用尺子去测物体的重量，那就更无法达到所希望达到的目的。因此，评价一个考试的质量，尚需把握另一个更为重要的指标：考试的效度。

一、考试效度的概念

效度（validity），就是一次测量的有效程度，是指一个测验或量表实际能测出其所要测量的特性的程度。考试的效度，是指一项考试实际测量到它所想要测量的东西的程度。它的大小反映了考试的准确度。这里的"想要"是指考试的目的，"测量的东西的程度"是指题目取样的合适性和考试结果与效标间的一致性程度。当考试的目的是检验题目取样合适性程度时，如果考试的题目越是恰当地代表了所要测试的知识或能力，那么考试的效度就越高，反之，就越低。例如，一次英语考试，其目的在于检测学生语言运用的能力，但实际所测的可能是学生的记忆能力，那么这次考试就不是真正有效的。当考试的目的是检验考试结果与效标间的一致性程度时，如果考试分数与效标分数相关程度越强，那么考试的效度就越高，反之，就越低。[1]

要正确理解和应用考试的效度，应特别注意以下几个问题：

首先，考试的效度是就考试的目的而言。判断考试效度的高低，就是判断考试达到目的的程度。目的发生了变化，考试的效度也会随之变化。例如，某一项考试对测量学生对基本知识的掌握情况有很高的效度，但对测量学生运用所学知识解决实际问题能力可能效度就很低。现实中，没有一个试卷的编制者能够设计

---

[1] 郭述平，等，编．教育测量［M］．长春：东北师范大学出版社，1988：202.

出一份把学生的所有知识、能力、技能都测量出来的试卷。因此，我们不能笼统地说某考试是否有效，而应该说某考试在测哪些知识、能力方面是有效的。

其次，考试的效度总是针对考试结果而言。考试的效度实质上就是考试所测到的结果与试卷编制者想要测的特质之间的一致性程度。只有当考试的结果真实、正确地反映出所要测试的特质时，才能认为这个考试是有效的或效度较高的。很显然，考试的效度只有在实际测试过之后才能表现出来。

最后，考试的效度不是全有或全无的问题，而是程度大小的问题。考试的间接测量特性使得测量过程不可能百分之百的准确。但由于任何一个试卷的编制都是针对特定目的而编制的（要测量学生的数学能力，我们不会用语文题目来作为测题，总是会用一些数学题），所以在正常情况下，考试不会"完全有效"或"完全无效"，总会有一定效度，效度不会为零。比如数学能力测验，无论测试内容多么艰深，它总能测到学生一定的数学能力。

因此，任何一项考试，我们都不能断定其全然无效或全然有效。我们所关心的是考试的有效程度如何，即考试在多大程度上实现了其预期的目的。

二、考试效度的类型

效度的类型很多，根据侧重的问题不同，效度有不同的类型。常见的效度类型有结构效度、内容效度和效标关联效度。

（一）结构效度[①]

我们要测量一种不能直接观测的内部特质，如智力，需要提出这个特质是由哪些可观测的因素构成的理论假设，如瑟斯顿关于智力是由数的能力、词量、语义、记忆、推理、空间关系、知觉速度7种心理能力构成的假设，然后据此编制测验，再用相关分析等方法检测测验结果是否符合这种理论假设。所谓"结构"就是关于欲测的心理特质是由哪些可测因素构成的理论假设，而结构效度就是指一个测验能够测量这些因素的程度。结构效度实际上就是回答一个测验能够测量什么特性的问题。

考试的结构效度也就是指，一项考试所要测量的是什么，它测到了没有。结构效度的意义在于，它回答了一个测验能够测量什么特性，不能够测量什么特性。应该说，这是评价一项考试，特别是评价能力考试的首要问题。不过，对于有些考试来说，如高考英语学科考试，它能够测量什么，不能够测量什么，十分明显。在评价高考英语试卷时，人们不会问：它是测量哪个学科的？但可能问：它测到了高中英语教学的主要内容了吗？这就是内容效度要回答的问题了。

（二）内容效度

如果说结构效度是由考试的间接测量特性所产生的概念，那么内容效度则是由考试是一种抽样测量所产生的概念。内容效度是指考试内容与预定要测量的内容间的一致性程度，也就是一项考试实际考到的内容对于应考查的全部内容和目标的代表性程度。

[①] 于信凤. 考试理论研究［M］. 沈阳：辽宁人民出版社，1989：154-155.

考试内容是对考试试题而言，预定要测量的内容不但指教学内容，还包括教学目标。因此，教学内容和教学目标是内容效度的两大要素。

内容效度就是考试题目与所要测量的教学内容及教学目标的一致性程度，即考试题目在多大程度上能够代表应考查的全部教学内容和教学目标。如果考试题目与所要测量的教学内容及教学目标一致性程度比较高，那么考试的内容效度就比较高；反之，考试的内容效度就比较低。

对于要以考试分数作为了解学生在某一学科的整体表现时，采用内容效度较为合适。例如，为了测试高中某一年级学生的英语语言运用能力，教师自行编制一套英语试题。很显然，只有当所编制的试题能代表要测试的全部英语语言运用能力时，这个考试分数才有意义，也才具有较高的内容效度。倘若编制的试题缺乏代表性或测试的不是学生的语言运用能力，那么这个考试的内容效度就很低。因此，在编制考试试题时，要兼顾所有的教学内容和教学目标，并按照各教学内容及教学目标的重要性程度给予不同的权重。

一项考试是否有理想的内容效度，关键在于编制的试题是否有一定的代表性。一般通过编制双向细目表来保证试题取样的代表性，从而提高考试的内容效度。双向细目表的编制步骤在本书第三章将专门论述。

（三）效标关联效度

结构效度回答的是一项考试所要测量的是什么，内容效度回答的是考试内容对所要测试的内容的代表性大小，但二者都未能回答对所要测试的内容究竟测到了什么程度，这便是效标关联效度所要回答的问题。

实际上，这是一个很难回答的问题，因为我们并不知道，也无法得知所要测量的内容的大小。为了克服这一困难，必须选择一个能够代表测量对象大小的变量，作为衡量考试有效性的参照标准，这个标准即"效标"。效标关联效度也就是指考试分数与效标间的一致性程度。

效标是指考试所要测量或所要预测的行为特质，这一行为特质通常以另一种考试分数或活动来表示。如对于高考来说，我们预测的行为是大学学习的成功，也就是说，大学学习的成功是高考的效标。大学学习成功的标准通常用效标分数来表示，即一般用大学的学习成绩（也有用大学一年级的学年平均成绩）作为效标分数。

常用的效标有以下几种：[1]

第一，学习成绩。如在校成绩、学历、教师评定、学业奖励等均可作为成就测验或能力倾向测验的效标。

第二，工作成就。如在工作中的各种表现可作为职业测验、人格测验等的效标。

第三，专门的训练成绩。如各种专业训练成绩可作为各种专业团体的人员选拔（如各种专项运动员的选拔）测验的效标。

第四，临床诊断。临床上的诊断结果及患者病史可用做智力或人格测验的效标。

第五，对团体的区分能力及其他现成的有效测验。可以能否区分不同效标表现的人来衡量测验的有效性。如若智力测验能区分不同年龄的儿童，职业测验能区分在工作上成功与不成功的

---

[1] 张敏强. 教育测量学 [M]. 北京：人民教育出版社，1998：121-122.

人，那么这些测验便是有效的。另外，一个新的测验可以用已具有良好效度指标的旧的测验作为效标，若两者相关度较高，则新的测验亦有效。

根据考试分数和效标分数二者所获得的时间关系，可以将效标关联效度分为同时效度和预测效度。效标分数和考试分数若在同一时间获得，即为同时效度。例如，研究人员可能要考查在校学生对其前一学年学习成绩的认识。为此，每个学生都可能要回答这样的问题："你去年的平均成绩如何？"计算学生的回答与学校记录的相关值可得出同时效度。这种效标资料比较容易获得，所以它的应用较普遍。

若效标分数和考试分数二者获得的时间有很大的差异（通常考试分数在前，效标分数在后），即为预测效度。例如，研究人员可能希望学生预测他们下一年的学习成绩。为此，每个学生可能要回答这样的问题："你认为明年你能取得的平均成绩是多少？"计算学生的回答与学校一年后记录的相关值就可得出预测效度。[①] 招聘和升学所采用的大多数考试都和预测效度有关。在这两种情况下，考试的目的是要区分哪些人将能取得成功，哪些人则不能。

效标关联效度对以预测、分类、甄选及人员安置等为目的的考试非常重要。它的高低直接关系到决策的正确与否。如果一项考试的效标关联效度很低，意味着该考试无法准确预测被试在效标上的行为，因而就不能作为决策的依据。否则将导致错误的决策和不公平。例如，若高考的效标关联效度很低，我们就不能根

[①] 许建钺，等，编译. 教育测量与评价［M］. 北京：教育科学出版社，1992：342.

据高考结果预测考生在大学里的学习情况,因此也就无法对考生进行分类和筛选。否则,很可能会导致有许多不能适应大学学习的考生被录取,而很多真正优秀的能完成大学学业的考生被错误淘汰。可见,在采用一项考试作为人员的预测、选拔等方面的决策依据之前,应得到该考试的效标关联效度的有关资料。

效标关联效度的计算方法主要是通过计算考试分数与效标分数的相关系数而求得,可采用积差相关、等级相关等方法(具体可参阅教育测量学方面的教材)。

三、影响考试效度的因素

对考试的一项最基本的要求,就是要求考试要有尽可能高的效度,因为效度直接决定着一项考试质量的高低。那么,究竟哪些因素影响考试的效度呢?现实中,由于各种考试的性质、目的、功能不同,效度也有不同的类型,因而影响效度的因素很多,下面仅列举几个主要的因素:

(一)考试误差

效度是考试准确性的量度,因而考试误差是影响考试效度的根本性因素。考试误差的来源主要有:

1. 方法误差

即因考试方法本身的局限性而产生的误差。考试的结果并不是对考生所掌握的知识、能力等的完全准确的反映,只是较为近似的反映,这种误差完全是由于考试这种间接测量的测量方法所引起的。这种因考试方法所带来的误差,只能通过考试方法的改进和完善来控制、减小。

2. 试卷误差

试卷是考试测量的工具,它本身的有效性和可靠性影响甚至决定着考试的有效性和可靠性。试卷误差主要包括：

试题取样误差。这是组成试卷的试题对于要考查的内容缺乏足够的代表性所带来的误差。这是试卷误差的主要来源。

试题编制误差。试题编制不当，如试题指导语不清楚、题意不明确、试题难度过高或过低、编排不当等，都会使测试出现一定的误差。

标准答案和评分规定不当带来的误差。

减少试卷误差，主要靠提高考试设计的科学性，以减少取样误差；提高试题的编制质量，以减少试题编制误差；做好答案和评分规定工作，以减少因缺乏科学的给分依据而引起的评分误差。

3. 测试过程误差

即在考试实施过程中，因组织、管理不当而产生的误差。与考试过程有关的误差因素有：考场环境、监考的态度、考场秩序和纪律及评卷计分等。

从对考试结果的影响来看，考场纪律和评分的客观性是最重要的因素。因此，严明考试纪律、提高评分标准的客观性，是控制测试过程误差的主要途径。

4. 考生误差

即由于考生自身在考场上过于紧张、害怕考试以至于不能正常发挥而产生的误差。也就是说，在这种情况下，考试结果不能准确反映考生的真实水平。影响考生在考场正常发挥的因素有：考生的考试动机、焦虑状态、应考经验、疲劳等。

控制以上这些考试误差的来源因素，提高考试的科学性、规范性、严密性，是提高考试效度的根本性措施。

(二) 测试的长度

本章第一节曾提到，增加考试题目的数量有助于提高考试的信度，由于信度与效度的最大值有关（效度系数不会大于信度系数的平方根），因此，增加测试的长度也可以提高考试的效度。表 2.1 给出了测验长度与效度的关系。

表 2.1　测验长度和效度的关系[①]

题数	与原测验题数之比	效度系数
10	1	0.400
20	2	0.496
30	3	0.548
60	6	0.619
120	12	0.668
140	14	0.697
480	48	0.713

从表 2.1 可以看出，当测验题数增长 6 倍时，效度增加了 1.5 倍；随着测验题数的增加，效度系数也在逐渐上升。因此，适当增加考试题目的数量，也可以提高考试的效度（题目增加与效度关系的斯布计算公式可参见教育测量学方面的教材）。

(三) 考试的异质性

如果考试是同质性的，即试题间高度相关，它将具有较高的同质性信度，因为考试的各个部分都在测试着同一种因素。但这样的考试有可能效度不高，因为同质性考试测试的是同一因素，而对于要测试的其他因素则无法测量。因此，增加与考试目的相

[①] 王汉澜. 教育测量学 [M]. 开封：河南大学出版社，1987：93.

关的异质试题，是提高考试效度的有效办法。但又会降低考试的信度。这是一个矛盾。一般来说，为了提高考试的效度而减少试题间的相关性，因而降低了信度，是值得的。不过，对于解决这一矛盾，即同一项考试既要有较高的信度又要有较高的效度，最好是避免采用单一性的考试，尽量采用成套性的考试。所谓单一性考试，即以一种因素测试同一属性的考试，如同质性考试；成套性考试就是以几种单一性考试组成的考试，如学历资格考试、职业资格考试、各种选拔考试，大都是以成套考试的办法进行的。采用成套性考试时，对于其中每一项单一性考试，应使它具有较高的信度，而对于整个成套性考试则应使它具有较高的效度。这样一来，信度和效度的矛盾便得到一定程度的解决。

以上两节，我们对衡量一项考试整体质量高低的两个重要指标信度和效度进行了简单的概述。那么，信度与效度这两个指标本身之间存在什么样的关系呢？根据信度和效度的统计定义，二者的关系是：信度是效度的必要而非充分条件，也就是说，信度高的考试其效度不一定高，但效度高的考试，其信度却一定比较高。在现实生活中，各种考试的性质、目的、考查的侧重点有所不同，要求一项考试同时具有较高的信度和效度是比较困难的。这在同质性考试和异质性考试中表现得最为明显。由于效度对一项考试来说更为关键，因此，在处理信度和效度二者的关系时，有时为了提高效度而不得不降低信度。

第三节 考试题目的难度和区分度

题目是组成考试试卷的基本元素，事实上，考试的信度和效度在很大程度上受制于题目的质量和特性。因此，编制试卷，必须重视题目分析，以改善题目性能，提高考试的质量。题目分析，除了根据考试的性质、目的、内容及双向细目表等对题目进行质的分析之外，还应对题目的性能进行量的分析，即分析题目的难度和区分度。

一、题目的难度

（一）难度及其计算

难度是指题目的难易程度，也就是在一项考试中，正确回答某题的人数（或得分数）与参加该考试的总人数（或总分数）的比率，一般用 P 来表示。难度是题目对学生知识和能力水平的适合程度的指标。题目的难度不但对题目的区分度有影响，而且对试卷的信度和效度也有较大的影响。

很显然，难度是一个相对的概念，难度的高低与被试的水平直接相关。一项考试，对一些被试是高难度的，但对另一些被试则可能是低难度的。也就是说，难度是由参加考试的考生群体的整体水平决定。因此，我们不能笼统地说一项考试的难度如何，而应说这项考试对某类被试群体而言难度如何。

此外，试卷或试题的难度系数是一种顺序量表而非间隔量表，即它的计算单位是不等的。如，难度系数为 0.4 的试题并不意味着其比难度系数为 0.8 的试题难一倍。但是，若两个试题的难度系数相同，可以认为对同一群体而言，它们的难度是相等的。[①]

由于题目记分的方法不同，所以难度的计算方法也不同。计

---

① 雷新勇. 大规模教育考试：命题与评价［M］. 上海：华东师范大学出版社，2007：230.

算题目的难度，一般有两类方法：

1. 直接计算题目的答对率

(1) 客观题的难度计算

$$P=R/N$$

式中，P 表示难度值，R 表示答对某道客观题的人数，N 表示参加考试的总人数。从该公式可以看出，难度值越大，题目的难度越小；难度值越小，题目的难度越大。这里，难度实际上表示的是易度，只是人们已经习惯了这种说法。

例如，100 人参加考试，某题有 60 人答对，则该题的难度为：

$$P=R/N=60/100=0.60$$

(2) 主观题的难度计算

主观题的评分，多是取连续变量的某一数值，考生在回答部分正确的情况下也将得到一定的分数，因此应以分数为基础计算：

$$P=M/S$$

其中 P 为难度值，M 为在该题上的得分总数，S 为该题的总分数，它等于该题满分值 A 与总人数之积：S=AN。

例如，有 60 人参加考试，某题满分 12 分，得分累计为 480 分，该题的难度为：

$$P=M/S=480/12\times 60=0.67$$

有时也按下面的方法计算主观题的难度：

$$P=X/A$$

式中 X 为该题的平均得分，A 为该题的满分值。实际上，主观题难度计算的这两个公式是等价的，采用哪一个都可以。

2. 用极端分组法计算题目的难度

如果考试人数较多，统计并计算全体考生的答对率将很麻烦，这时可以用"极端分组法"计算题目的难度。此方法均适用于客观题和主观题。

先将考生按考试总分的高低顺序排列，然后在两端分别划出人数相等的高分组和低分组，一般各取总人数的27%，再分别计算两组考生在该题上的答对率，最后求它们的平均值。公式为：

$$P=(P_H+P_L)/2$$

式中，P为难度值，P_H、P_L分别为高分组、低分组的答对率。

对于客观题来说，P_H、P_L就是高分组、低分组答对人数的比率。例如，1000人参加考试，按总分排序，在两端各取27%定为高分组和低分组，试卷中某客观题高分组有180人答对，低分组有60人答对，该题的难度计算如下：

$P_H=R/N=180/1000\times 27\%=0.67$；$P_L=R/N=60/1000\times 27\%=0.22$

$\therefore P=(P_H+P_L)/2=(0.67+0.22)/2=0.45$

对于主观题来说，P_H、P_L就是高分组、低分组在该题上的得分率。例如，在上例中某主观题的满分为10分，高分组在该题所得总分为2100分，低分组在该题所得总分为830分，计算该题的难度如下：

$P_H=M/S=2100/10\times 270=0.78$；$P_L=M/S=830/10\times 270=0.31$

$\therefore P=(P_H+P_L)/2=(0.78+0.31)/2=0.55$

需要说明的是，上述计算难度的办法是在计算机及其软件未普及的情况下采用的办法。现在，由于计算机软件已相当先进，因而计算试题或试卷的难度非常方便。计算某一试题难度系数的公式为：

$$P_i = X_i / A_i$$

其中 X_i 为试题 i 的平均得分，A_i 为试题 i 的满分值。

相应地整个试卷的难度系数为 P

$$P = Y / A$$

式中 Y 为考试的平均分，A 为试卷的满分值。

(二) 题目难度水平的确定

从以上难度值的计算公式可以得出，难度值 P 的取值范围为：$0 \leqslant P \leqslant 1$，当 P=0 时，题目的难度最大（所有的考生都得 0 分），当 P=1 时，题目的难度最小（所有的考生都答对）。考试题目的难度以多大为宜，取决于考试的性质、目的和题目的形成。

对于一般的常模参照考试而言，其目的在于测量考试的个体差异。当 P 值接近于 0 或 1 时，即考生在该题上全部答错或全部答对时，该题便无法提供个体差异的任何信息。而只有当 P 值在 0.50 左右（0.45~0.55 之间）时，题目才能把考生的个体差异最大限度地得以区分。但在实际中，若每道题目的难度值都接近 0.50，那么该考试很可能只能区分出好与差两种极端考生的差异，却不能对不同程度的考生作更精细的区分。因此，一般只要求考试题目的平均难度为 0.50，而各个题目的难度可在 0.30~0.70 之间。

当考试用于选拔或诊断时，题目的难度值应更多地接近录取率。例如，若高考录取率为 60% 时，考试题目的难度最好在 0.60 左右，这样可以使 60% 左右的考生通过。若考试用于筛选极少数被试接受特殊教育，则考试的 P 值应较高，使得只有少数被试不能通过。

就选择题而言，P值应大于概率水平。P值若等于概率，说明考生纯粹凭猜测作答；若P值小于概率，说明题目很可能存在问题。[①]

整个考试的难度水平取决于组成考试的题目的难度。通过考试分数的分布，可以对考试难度作整体检验。

由于人的心理特征多数呈正态分布，因此当考试的目的在于测试个体差异时，若被试样本具有代表性，则考试结果应呈正态分布。当分数分布不是正态而是偏态时，有两种情况：正偏态和负偏态。当为正偏态时，说明考试对于考生全体而言难度偏高，应增加一定数量的易题；当为负偏态时，说明考试对于考生全体而言难度偏低，应增加一定数量的难题。

(三) 难度对考试的影响

难度对考试的影响，主要体现在以下两个方面：

1. 对分数分布的影响

题目的难度制约着分数的离散程度，因此也必然对分数的分布产生影响。就整个考试而言，当平均难度值为0.50且题目组间的相关为零的情况下，分数呈正态分布；当难度值越接近0时，题目的难度就越大，分数就越集中在低分段并呈正偏态；当难度值越接近1，题目的难度就越小，分数就越集中在高分段并呈负偏态。在大规模教育考试中，一般要求考试的难度定位在0.5，此时考生的成绩将大致呈正态分布。这样，分数的离散程度达到最大，这意味着招生考试中，在划分的分数线附近，产生选择决策误差的人数就可能达到最少。

---

① 张敏强. 教育测量学 [M]. 北京：人民教育出版社，1998：84.

2. 对信度、效度及区分度的影响

由于题目的难度直接影响着分数的离散程度和分布，因此影响了分数间的相关，从而使考试的信度和效度受到难度的制约。此外，适中的难度可使试题的区分度达到最大，难度过大或过小都会影响试题的区分度。

(四) 控制题目难度的方法

上面谈到我们可以根据考试的性质与目的，确定适宜的难度要求，以达到预期的目的。但问题在于难度是在考试之后才得到的，这对于改善原来的考试性能，提高考试的质量无济于事。因此，在编制试卷时控制题目的难度是必须妥善解决的问题。为此，先了解一下影响难度的因素。

一般来说，影响题目难度的主要因素有：

1. 考生对题目的熟悉程度

它反映了考生对试题的心理准备状态。如，本来较容易的题目会因考生对题目考查的内容或试题背景不熟悉而难以作答，或本来较难的题目会因考生在平时的学习过程中经常运用和练习而变得容易。

2. 考查能力的层级高低

一般情况下，认知领域中考查高层次能力水平的题目比较难。如高考语文要求考查考生识记、理解、分析综合、鉴赏评价、表达应用和探究等六个能力层级。识记是最基本的能力层级，探究是在识记、理解、分析综合的基础上发展了的能力层级。很显然，考查探究这种较高的能力层级的题目要难于考查识记这种基本的能力层级的题目。

3. 考查知识点的多少

若一项考试考查的知识点较多，试卷信息容量较大，这便给考生在考试过程中审题、把握试题内容带来困难。

另外，题目设计的复杂性、干扰性、灵活性以及试题的分量与时间的约束等都是影响题目难度的重要因素。

控制题目的难度除考虑上述影响因素外，还可通过其他途径来控制。在平常的教学考试中，由于老师对学生的学习情况比较熟悉，因此主要凭经验来控制题目的难度。但对于大规模的考试来说，就要通过预测来把握难度了。首先，命题人员要特别了解被试的水平，对难度做出正确的估计，做到心中有数。其次，通过命题技巧控制难度。命题时不仅要注意试题的信息量、题目结构、干扰的强弱等，还要注意不同难度试题的搭配及顺序安排，保证试卷结构的严谨、科学、合理。再者，通过试题预测，估计和控制题目难度。这是常用的行之有效的一种办法。预测后，对试题及时进行分析，符合要求并有难度指数的试题可进入试题库，以备后用。试题库的建立，使我们对题目的性能有了比较客观清晰的了解，为以后科学地编制试卷、提高命题质量提供了有力的保障。

二、题目的区分度

（一）区分度的意义

区分度是指考试对考生实际水平的区分程度，用符号 D 表示。在一次考试中，如果实际水平高的考生得高分，实际水平低的考生得低分，说明该考试具有良好的区分度。区分度反映了一个题目的鉴别能力，因此，又称为鉴别度，它是评价试题质量、筛选试题的主要指标和依据。

区分又分为正区分（D>0）、零区分（D=0）和负区分（D<0）。正区分是指实际水平高的考生得了高分，实际水平低的考

生得了低分；负区分正好相反；零区分是指考生实际水平的高低与得分之间没有太大关系，出现零相关。

区分度分析主要以效标（即外在标准）为依据，考查考生在每个题目上的反应与其在效标上的表现之间的相关程度。由于外在标准不易找到，因此通常以考试本身的总分作为效标，分析考生在某题上的得分高低与其实际能力水平（用考试总分体现）之间的一致性关系。一般而言，若考生在一道试题上的得分与他们在整个考试中的得分之间的相关性越高，则该试题越能有效地区分他们。

通过题目区分度的分析，可以了解到：一是题目是否有效地测量出所要了解的某些特质，如一道试图考查考生在语文学科方面运用所学知识分析、解决问题能力的题目，从考生在该题上的得分来看，能否如实地反映出考生的这一能力，使能力高的真正得高分；二是考生在某题上得了高分，能否在其他题上也获得高分，或是同样地都得了低分；三是考生在某一试题上的得分与整个考试的总分数间一致性程度如何。

由此可见，区分度的实质是用以鉴别一个题目有效性的重要指标，它的高低变化对考试的质量有深刻影响。正因为如此，人们在进行题目分析时，与难度相比，更关注题目区分度的高低，并以此作为筛选和修改试题的主要依据。

（二）区分度的计算

区分度的计算有多种方法，这里介绍一种最简单的估计方法，即用极端分组法计算区分度。

1. 客观题区分度的计算

用这种方法计算区分度与计算难度的方法基本相同，只是最后一步按下列公式计算区分度：

$$D=P_H-P_L$$

公式中，D 表示区分度，P_H 表示高分组的难度，P_L 表示低分组的难度。例如，在一次考试中，高分组在某一试题的通过率为 0.70，低分组的通过率为 0.40，那么该题的区分度为：

$$D=P_H-P_L=0.70-0.40=0.30$$

从公式 $D=P_H-P_L$ 可知，如果高分组全部答对某一试题，而低分组全部答错，则 $D=1.00$；如果低分组全部答对，而高分组全部答错，则 $D=-1.00$；如果两组的答对率相等，则 $D=0.00$。因此，区分度值的取值范围为：

$$-1.00\leqslant D\leqslant +1.00$$

由上面区分度计算公式可以得出，若 $D>0$ 时，说明在某一题方面高分组的考生通过率高，题目有区分度，D 值越大，则区分度越高；若 $D=0$ 时，则说明题目无区分能力；若 $D<0$ 时，表明题目有问题。

2. 主观题区分度的计算

主观题区分度的计算与客观题有所不同，其计算公式为：

$$D=(S_H-S_L)/NA$$

公式中，D 表示区分度，S_H 为高分组得分总数，S_L 为低分组得分总数，N 为组内人数，A 为题目满分值。

例如，一项考试有 60 人参加，某一主观题，高分组得分总数为 120，低分组得分总数为 40，该题满分值为 10 分，那么该题的区分度为：

$$D=(S_H-S_L)/NA=(120-40)/60\times 27\%\times 10=0.50$$

用极端分组法计算区分度虽然简便易行，但它只用到了 54% 的考生资料，所得结果不精确，通常只在教师编制的课堂测验中使用。在标准化的或大规模的测验中，多采用相关法分析试题的区分度（参见教育测量学方面的教材）。

　　计算区分度时，要根据不同的考试目的选用适宜的方法。只有这样，才能正确地分析题目的区分度。此外，选拔性考试重视试题的区分度，以便筛选学生；水平考试，由于其目的在于考查学生完成学业的情况，因此区分度对其来说无多大意义。

　　(三) 区分度与考试信度、难度的关系

　　任何考试的目的之一，都是希望能够测量出考生的实际水平，这实际上也是考试的信度和效度在题目上的具体要求。区分度的高低直接影响到考试的信度和效度。表2.2显示了区分度和考试信度的关系。表中的信度是假定全部试题的难度均为0.50时所预测的信度系数；区分度指的是平均值。从该表可以看出，要想获得较高的信度，提高题目的区分度是一个有效的途径。

表2.2　区分度与考试信度的关系[①]

区分度	信度
0.12	0.00
0.16	0.42
0.20	0.63
0.30	0.84
0.40	0.92
0.50	0.95

　　此外，当我们对题目进行综合分析时，就必须明确题目难度和区分度的关系，对这两项指标进行总体衡量。从理论上讲，中等难度（P＝0.50）的题目具有较好的区分度；难度值接近1或

[①] 胡中锋. 教育测量与评价 [M]. 广州：广东高等教育出版社，2006：51.

0时，区分度会趋于变小，即题目过易或过难，其区分度一般都不高。从实际经验来看，过难的题目，其区分度更低，因为题目过难，成绩好的学生也依赖于猜测，从而降低了题目的区分度。区分度与难度的关系见表2.3。

表2.3 **区分度的最大值与难度的关系**

试题难度	区分度的最大值
1.00	0.00
0.90	0.20
0.70	0.60
0.50	1.00
0.30	0.60
0.10	0.20
0.00	0.00

由表2.3可见，当P值为0.5时，D值达到最高，题目的区分度因而最大。这似乎表明，当所有的题目都处于0.50的难度水平时，该考试分数的分布范围才有可能达到最大。然而，由于一项考试中的题目之间都有一定程度的相关，那么假设所有题目难度值均为0.50，当题目间相关为1.00时，考试分数将呈U形分布，即分数集中在两个极端：要么通过全部题目得满分，要么一个题目也未通过得零分。在这种情况下，题目的区分度很小。

当题目间有较高的相关（但尚未到1.00）时，考生的分数将趋于双峰分布，即分数在两端分布较多，在中间分布较少，这时题目的区分度较高。当题目间的相关进一步降低，并有不同的难度，考试分数将接近于矩形分布。这时题目的区分度是最高的。如果题目间相关为零，考生分数将呈正态分布。由于人的心理特征多数呈正态分布，因此我们希望考试的结构能反映这一分布特点。但要求一项考试中题目间相关为零几乎是不可能的，因此一般采取改变试题难度的办法，将题目按难度从易到难排列。在这种情况下，即使题目间相关较高，也能将各种水平的考生区分开来。

（四）区分度的评价标准

判断题目区分度高低的标准很多。采用何种标准需视考试的目的及计算方法而定。如在选拔性考试中，人们常常采用极端分组法这一简便办法计算题目的区分度，即计算高分组和低分组在该题上通过率的差异，这一差异亦称鉴别指数。美国测量学家艾贝尔（Eebel R. L）根据自己长期编制测验的经验提出了用鉴别指数作为评价题目区分度的标准，见表2.4。若是采用相关法分析题目的区分度，经过相关系数显著性检验已达到显著性水平时，相关系数值在0.30以上，则题目的区分度就比较理想了。

表2.4 鉴别指数的评价标准

区分度	评价
0.40以上	优秀
0.3~0.39	合格
0.2~0.29	尚可，但需修改
0.19以下	应淘汰

对于那些其主要目的在于鉴别考生个体差异的考试来说，题目的区分度自然是越高越好。而为了提高题目的区分度，在编制试题时，应使题目的难度适中，使整个考试难度适中。由于题目的难度适中可使区分度达到最大值，因此，使难度适中是提高区分度的重要方法。此外，考试应注重考查复杂的学习结果。原因

在于，考查复杂的学习结果有助于能力高的学生得高分，同时使能力低的学生得低分，使分数尽量分布在整个分数量尺上。这样，可以提高区分度，把不同水平的学生尽量区分开来。

【复习思考题】

1. 什么是考试的信度和效度？影响考试的信度和效度的因素有哪些？考试的信度和效度二者之间存在何种关系？
2. 什么是题目的难度？如何控制试题的难度？
3. 研究题目的区分度有何意义？

第三章
考试的设计和试题的编制

上一章我们分析了如何通过信度、效度等指标去衡量一项考试的质量高低，本章将要讨论的是如何科学地设计一项考试从而保障考试的质量。考试设计的任务很多，其中尤为重要的一个环节是试题的编制。试题编制的科学、规范与否直接决定着考试质量的高低。因此，本章介绍考试设计的基本程序及试题的编制等相关问题。

第一节 考试设计的基本程序

考试设计的基本程序，虽然因考试的性质、目的、类型的不同而有所差别，但无论什么样的考试，其设计的基本程序是相似的。这些程序包括：首先要确定考试目标和考试内容，解决"考什么"的问题；其次是确定考试的形式与时间、试题形式、数量及其编制等，解决"怎么考"的问题；最后是对试卷进行技术分析与鉴定，确保考试质量。

一、考试目标的确定

考试目标，就是指考试所要测量的那些知识、能力和技能。它是编制试题的出发点和依据。试题的编制要以考试目标为基础，以防止试题编制的盲目性。由于考试的对象是学生，那么考试目标自然就是学生的受教育结果。因此，对这一领域而言，考试目标就是教育目标。教育目标不仅是教育工作的出发点，也是教育评价的依据。当教育目标用于考试评价时，教育目标就转化为考试目标。所以，考试目标与教育目标应该是一致的，确立了教育目标，就意味着考试目标的确立。

教育目标有远期、中期和近期之分。远期教育目标即教育目的；中期教育目标是远期教育目标的初步细化，它对学生应掌握的知识、应该发展的能力及形成怎样的优良品德等提出明确要求，使学生在一定的学习阶段里从不同的知识领域逐步完成最终的教育目标；近期教育目标也叫具体教育目标，是中期教育目标的细化，一般是指经过一段教学之后，如一个单元、一个专题等，教师预期的教育结果。[1]

自20世纪50年代以来，许多学者提出了各种不同的教育目标分类理论。影响较大的有美国的布卢姆（B. S. Bloom, 1956）、加涅（R. M. Gagne, 1971）、梅里尔（M. D. Merril, 1971）等人，其中，最有影响的是布卢姆的教育目标分类理论。

---

[1] 张敏强. 教育测量学 [M]. 北京：人民教育出版社，1998：54.

为满足教育测验的需要，布卢姆等首先把教育目标分为认知、情感和动作技能三个领域。1956年，他公布了认知领域的目标分类体系，他将认知领域分为知识、理解、运用、分析、综合和评价等六类。这六类是按照由易到难的顺序排列的，也可以说是由浅到深的六个认识层次。同时，前一类是后一类的基础，后一类又涵盖了前一类。

布卢姆所提出的认知领域，正是各学科考试所要测量的东西，因此，虽然他提供的是教育目标分类方法，但其所提出的目标分类框架，对于各学科考试目标的制定，都有重要的指导意义。所以，布氏的认知目标分类法一直被认为是测验目标分类的依据，我国目前许多考试的命题，都是以布氏这个目标分类法为基础来确定考试目标的。例如，教育部考试中心组织编写的《2007年普通高等学校招生全国统一考试大纲》（课程标准实验版），对山东、广东、海南和宁夏四个普通高中课程实验省区2007年高考语文学科考试能力做出的要求为：

> 高考语文要求考查考生识记、理解、分析综合、鉴赏评价、表达应用和探究六种能力，这六种能力表现为六个层级。
>
> A. 识记：指识别和记忆，是最基本的能力层级。
>
> B. 理解：指领会并能作简单的解释，是在识记基础上高一级的能力层级。
>
> C. 分析综合：指分解剖析和归纳整理，是在识记和理解的基础上进一步提高了的能力层级。
>
> D. 鉴赏评价：指对阅读材料的鉴别、赏析和评说，是以识记、理解和分析综合为基础，在阅读方面发展了的能力层级。

> E. 表达应用：指对语文知识和能力的运用，是以识记、理解和分析综合为基础，在表达方面发展了的能力层级。
>
> F. 探究：指探讨疑点难点，有所发现和创新，是在识记、理解、分析综合的基础上发展了的能力层级。
>
> 对 A、B、C、D、E、F 六个能力层级均可有难易不同的考查。

从这六个能力层级来看，语文学科考试目标的确定基本上仍然以布卢姆的认知目标分类为基础。

在编制试题时，除了根据教育目标来确定考试目标外，明确考试的性质、目的、对象、内容等对于考试的设计、实施与评价也很重要。

二、考试内容的确定

考试目标的确定解决的是"考什么"的问题，而考试内容的确定要解决的是"用什么考"的问题，即选用什么材料编制试题。如，"七七事变爆发在哪一年"这一题，考查的是记忆层面的目标，选取的材料是"七七事变"。

由此可见，任何试卷都是由目标和内容构成的一个二维平面图。考试内容的确定即试题编制材料的选取必须体现考试目标，不同的考试目标要求与之相应的考试内容。由于受考试时间和试题容量的限制，考试内容不可能覆盖所有的教育教学内容，而只能是其中一个很小的抽样。这便要求一项高质量的考试必须使其试题取样对教育教学内容有足够的代表性，又能反映各部分内容和各认知层次的相对比重。这一任务一般通过命题双向细目表来完成。

通过命题双向细目表的制作，试题编制者要明确这样几个问题：

首先，考试内容中所涉及的每一内容范围的相对比例。

其次，考试目标中每一层次目标的相对比重。

最后，每一考试目标层次在每一考试内容范围上的相对比重。

由此可见，双向细目表由三部分内容构成：考试目标；考试内容；考试目标和考试内容的比例，即权重。考试目标即教育目标，考试内容可以根据本学科的教学大纲或相应的考试大纲来制定。权重可依据以下几条标准来确定：

其一，每一内容范围的比例应与该内容在整个教学领域中的相对重要性（可由该内容的教学课时的多少来体现）相符合。

其二，每一目标层次的比例应与试题编制者认为这个目标对被试的水平所具有的重要性相符。这种相对重要性一般是参考专家或有经验老师的意见而定。[1] 表 3.1 是一例遵循上述原则而编制的命题双向细目表。

表 3.1 高中化学课程终结性考试命题双向细目表[2]

分数 考试内容 \ 考试目标	识记	理解	应用	分析综合	探究	（总分）
基本概念	1	5	4			10
基础理论		8	5	7	2	22

---

[1] 张敏强. 教育测量学 [M]. 北京：人民教育出版社，1998：59.

[2] 黄光扬，主编. 教育测量与评价 [M]. 上海：华东师范大学出版社，2002：116.

元素化合物	3	5	6	5	2	21
有机化合物	1	5	3	4	2	15
化学计算		3	4	8		15
化学实验	1	6	2	6	2	17
（总分）	6	32	24	30	8	100

　　该表由考试目标、考试内容和考试分数三部分组成，同时给出了每一块内容在整个考试内容中的分数比重，以及每一层次目标在整个考试目标中所占的分数比重等。如在六大块考试内容中，基础理论部分占到总分数的 22%；在识记等五个考试目标中，考查理解的比重最高，占到总分数的 32%。

　　再如，《2007年普通高等学校招生全国统一考试大纲》（课程标准实验版）对语文科目必考内容及相应的考试目标即能力层级做出了规定，见表 3.2。根据此表，再结合上述两条确定考试目标及考试内容权重的标准，便可以制定出一个完整的命题双向细目表。

表 3.2　高考语文科目必考内容及相应的能力层级

必考内容＼考试目标	识记	理解	分析综合	鉴赏评价	表达应用	探究
现代文阅读		√	√			
古代诗文阅读	√	√	√	√		
语言文字运用	√				√	
写作					√	

　　命题双向细目表的制定，意味着试题编制的科学规划。根据这个细目表，试题编制者便可以收集相应的命题材料。命题材料

的收集应遵循以下原则:

(一) 目的性原则

考试的目的多种多样,命题材料的选取应符合考试的目的。选择试题材料是为了刺激考生产生与目的相关的智力活动,当然应体现考试的目的。只有这样,才可以提高考试的有效性。如,高中毕业会考属于水平考试,其目的在于通过考查学生高中阶段所学各科的基本知识与能力,鉴别学生是否达到了规定的毕业要求,因此,材料的选取应注意代表性和广泛性;高考属于选拔性考试,其目的在于区分出不同水平的学生,为高校招生提供依据,因而选择材料时应注意一定的难度和区分度而非广度。

(二) 代表性原则

受考试时间和试题容量的限制,试题材料只能是课程标准所要求的全部教学内容的一个小抽样。因此,这部分材料要有较高的代表性和足够宽的覆盖面,并且突出基本内容和重点内容,且各部分材料比重应与命题双向细目表所列比重相一致。只有这样,才能够提高考试的内容效度。

(三) 公平性原则

编制试题时,要以统一的课程标准、教学大纲或考试大纲作为收集材料的依据,防止材料收集不当而给不同学校、不同地区的考生造成不公平。如高考命题原则中有一条规定:命题要体现公平性。要实现试题素材和解答要求对所有考生的公平性,避免偏题、怪题,考虑城市和农村不同的教学条件和能力,避免出现需要特殊背景知识和特殊解答方式的题目。

(四) 适切性原则

即材料的选取要适合相应考生的程度。由于不同年龄、不同年级的学生对知识掌握的程度不同,因此,材料的收集应适合相应学生的程度，难易适当。而对于同一层次的学生而言，试题材料要有不同的难度层次，从而把不同水平的学生区分开来。

对不同性质的考试而言，考试内容的确定难度差别较大。对于学校的学业成绩考试来说，确定考试内容并不困难，教了什么就考什么。而对于资格考试和像高考这样的选拔性考试，科学地确定考试内容则有相当的难度，因为它们是根据未来工作和学习对于知识、能力的要求确定考试目标，再由目标确定内容，而不是简单地根据考生过去学了什么就考什么。如高考，理工类考什么，文史类考什么，所考的各部分内容在总分中占多大的比重，就不能完全根据中学的教学内容和教学时数来规定，而应根据大学新生应具备的基本知识和能力倾向来确定。

考试目标和考试内容的确定，是命题工作的前提，也为命题工作的开展做了充分的准备。下一个程序便进入考试的具体设计环节。

三、考试的设计

命题资料收集完之后，就需要对考试的形式、试题的形式与数量、试题编排等进行全面的设计。

（一）考试形式的确定

通常情况下，大多数考试以纸笔形式进行，即笔试。如高中毕业会考、高考、研究生入学考试等。但是，有时也根据考试的性质、被试的特点等来确定采取何种形式的考试。如，对幼儿宜采用口头考试，对有言语缺陷的人（如聋哑学校的学生）则尽量以操作形式进行考试。此外，有时考虑到各种实际情况，如考试规模的大小，考试的形式也可相应变化。如对于考生人数众多的大规模统一考试，多以笔试为主，而对于那些考生很少的单独招生的考试，可以口试、面试的方式进行。

（二）试题形式的确定

试题形式有主观性试题和客观性试题之分，主观性试题又包括论述题、作文题、操作题等；客观性试题包括选择题、是非题、匹配题、填空题、简答题等。一项考试采用何种试题形式要根据考试的目的、内容、规模以及各种题型的特点来确定。一般来说，大规模考试，应多采用客观性试题，这样既可以扩大试卷覆盖面，又可以提高改卷的效率和准确度；规模较小的学校成绩考试可采用主观性试题。考试内容多、涉及范围广，可采用客观性试题；考试内容少、范围小，则可采用主观性试题。当考试的目的在于考查考生对基本知识的识记、理解、判断时，可采用客观性试题；而当考试的主要目的在于考查考生运用所学知识分析、解决实际问题的能力时，宜用主观性试题。实际上，每一种试题都有各自的优缺点，任何一种试题都不可能对学生学习的各个方面进行全面、有效的测量。因此，在选择试题形式时，应将主观题与客观题二者有机地结合。如2007年福建省高考语文试卷的题型有选择题、填空题、简答题和作文题等。

试题形式一旦确定后，便进入具体的试题编制阶段。试题编制将在下一节专门论述。

（三）试题题量的确定

试题数量的多少取决于多种因素，经常要考虑的因素有：规定的考试时间；试题的形式，客观题一般题量较多，主观题则较少；阅读、计算、书写量，若量大则题量应相应减少；考试内容的覆盖面，覆盖面较广的终结性考试和大规模统一考试，题量应多一些；考试的性质，常模参照考试应保证在规定时间内75%以上的考生能答完每一道题，目标参照考试应保证在规定的时间内 90% 以上的考生能答完每一道题。

在确定了试卷总的题量后,应考虑与考试目标及内容相对应的各种题目的数量比例。这一比例应符合命题双向细目表中制定的相应比例。如 2007 年福建省高考英语试卷共有 86 道题,其中客观题 85 道,包括听力选择题 20 道,单项填空 15 道,完形填空 20 道,阅读理解 20 道,短文改错 10 道;主观题 1 道,即作文题。

(四)考试时间的确定

按速度的重要程度来划分,考试有速度考试和难度考试之分。速度考试的时间应严格限制,使做得最快的考生也不能在规定时间内答完全部试题;难度考试的目的在于考查被试的水平差异,在理论上不应该有时间限制,但在实际应用中,一般以能充分发挥考生的水平而不致出现疲劳为原则规定时间。确定考试时间的方法一般由考试专家或有经验的老师根据这一原则估计,或通过试测来确定考试时间。如目前我国高考语文、数学、英语三个学科的考试时间分别为 150 分钟、120 分钟、120 分钟。这一规定也是经过长期的探索而逐渐形成的。

(五)试题的编排

试题编制完以后,便要根据考试的性质、目的,并考虑考生在作答时的心理反应,合理安排试题的先后顺序等。一般来讲,试题编排总的原则是先按照试题的形式及内容进行分类,再按照试题的难度从易到难排列。常见的排列方式有并列直进式和混合螺旋式两种。并列直进式是依据试题材料的性质,将试题分为若干分测验,处于同一测验的试题,从易到难排列;混合螺旋式是指,为了维持考生的作答兴趣,并使其对各类试题均有反应的机会,先将各类试题依据不同的难度分成若干层次,再将不同性质的试题予以组合,作交叉式排列,其难度则循序渐进。

四、试卷的技术分析与鉴定[①]

一份考试试卷的编制工作初步完成后,该试卷是否科学、合理,仍需经过进一步的分析与鉴定。对试卷的技术分析与鉴定包括以下几个程序。

(一)建立复本与实施预测

建立复本,即编制出与所编试卷有相同的考试目标与内容、题型与题量,题目的难度与区分度相同或相近,而仅仅是题目形式有所不同的平行试卷。在重要的考试中,一般都要求建立复本,主要在研究或考试中作替补试卷,如高考中各考试科目编制的B卷。

预测是指把所编制的试卷或复本拿到与考生大致相同的群体中试测,以取得某些考试信息。预测的目的在于通过试测,搜集材料,作为分析试卷质量的依据。通过施测,可以发现试卷是否存在指导语不当、措辞不清、意义不明、题目选项无干扰作用等问题;可以估计每个题目的难度、区分度以及决定试卷的题量及考试时间等。总之,预测在于使试卷更为科学、合理,从而提高试卷质量。

预测实施的一般步骤为:首先,试测前将试卷在小样本中试用,观察题型是否适用以及试题是否存在一些明显的错误等;其次,抽取一个对被试总体有一定代表性的样本,在与正式考试基本相同的条件下进行正式试测。根据试测结果,估计每个题目的

---

① 张敏强.教育测量学[M].北京:人民教育出版社,1998:63-68.

难度、区分度等,并以此为依据对题目进行筛选与修改。最后,就拼成的整套试卷再实行试测,以了解这套试卷是否适用,估计试卷的信度、效度等。

在试卷的预测过程中,应注意以下事项:

第一,预测对象必须是对将来正式参加考试的对象的总体有一定的代表性。规模较大的考试,还应考虑试测样本中应有不同类型学校、不同地区的人数的比率。

第二,预测的实施条件与过程应与将来正式考试的情况相近。特别要注意引导被试认真对待、主动配合、积极作答。

第三,预测的时间可放宽一些,尽量让每个被试都能将题目答完,以便搜集更充分的资料,使得对试题的统计分析更为准确、可靠。

第四,在预测过程中,应及时记录被试的各种反应情况,如完成预测所用的时间、被试的态度、题目有何不清、题意有何不明等。

第五,预测要有高度的保密性。常用的保密措施有:一是现在要用的试题是前几年就测试好了的或现在的预测是为了将来考试之用;二是把试卷分成若干小部分,将它们分散到考生群体中,分别把这些部分与某地方考生平时的测验混在一起进行测试。

(二)试卷的质量分析

对试卷的质量分析包括定性和定量分析两个方面。

1. 定性分析

定性分析是根据试卷编制者的专业知识、经验,通过逻辑思维过程对试卷做出质的评价。它主要包括:

(1)检查试题类型是否达到考试目标的要求。

(2) 检查命题双向细目表中考试目标与内容的权重是否合理，考试内容对教学内容是否有足够的代表性，是否与考试目标相吻合。

(3) 试题的编制是否符合其相应的命题原则。

(4) 试题的内容与数量是否符合命题双向细目表中的要求。

(5) 试题编制是否科学、合理，试测是否符合要求等。

2. 定量分析

对试卷的定性分析远远不够，更重要的是要对试卷进行定量分析。定量分析是指依据预测所获得的相关资料，运用统计方法，对试卷的信度、效度以及题目的难度、区分度等所作的客观分析。

分析试卷的信度，主要是了解试卷的可靠性如何；而分析试卷的效度，主要是研究考试内容与考试目标的一致性问题。题目分析包括题目难度、区分度的分析（对于一些水平考试，区分度的分析意义不大）。通过题目分析，可以发现和淘汰劣质的及不合适的题目，保证所选题目的科学性，提高考试的信度和效度，也为逐步建立题库提供好的题源。

对试卷的信度、效度及题目的难度、区分度进行相应的分析，主要目的在于提高考试的质量。

（三）考试的标准化

标准化是社会分工的产物。考试作为一种测试活动，同样存在着标准化的问题。考试的标准化，就是指依据现代科学技术和实践经验，按照系统最优化的要求，建立统一的工作程序和标准，使测试误差受到有效的控制，使同种性质、同种类别的考试具有统一的参照点和计分单位，从而具有可比性。简言之，考试的标准化就是指考试各主要工作环节都要标准化。

考试的标准化通常有以下要求：

第一，测试工具即试卷的标准化。即按照编制试卷的基本程序，编制试题，进行预测，取得每一试题的难度、区分度等有关资料，将符合要求的试题编入试卷，并通过试测取得试卷的信度、效度资料。此外，以同样的程序编制复本。这样，按照科学的程序，实现了试卷组成的最优化。

第二，测试过程的标准化。在编制试卷的同时，编制一份关于考试条件和实施过程的说明书，要求严格按照说明书的规定组织考试工作。这样，一方面对考试实施过程中可能导致误差的各种干扰因素进行有效的控制；另一方面，不同时间、不同地点、不同对象参加的同类考试，又具备了相同的考试条件，具有了可比性。

第三，评分的标准化。即按照统一的评分标准和给分办法进行评分。只有当评分是客观的时候，才能把分数的差异归诸于被试的个体差异。客观题的评分比较容易，关键是主观题的评分容易受评分者主观因素的影响，因此，对主观题应有详细的评分规则，评分者应严格按评分规则给分。即使这样，不同的人评阅同一题目，也会存在一定的误差。一般情况下，多人评阅相同的主观题，给分的平均一致性达到90%以上，就可以认为该评分是客观的。评分的标准化，使同类考试的分数具有了可比性。

第四，分数解释的标准化。即从同一考试分数应能得到相同的解释和推论。因此，分数的解释必须要有统一的参照标准。常模参照考试应建立常模，作为解释分数的依据；对于目标参照考试而言，必须对考试所包含的内容范围做出尽可能准确的定量描述。

很显然，只有符合上述要求的考试才是真正意义上的标准化考试。

上述工作完成以后，应由有关专家对试卷进行鉴定，如果试卷有了可接受的信度、效度指标，并达到一定程度的标准化，那么该试卷便可通过鉴定付诸使用。这意味着一份好的试卷的编制工作便到此结束。

第二节 试题的编制

试题是考试测量的工具。试题编制的科学、合理与否直接关系到整个考试质量的高低。因此，在试题编制过程中，编制者应慎重考虑试题类型的选择与确定，并严格按照各类题型的命题原则命制试题。

一、试题分类及其命题原则

在长期的考试实践中，人们创造和积累了适用于不同考试目的和考试内容的多种多样的试题形式。从不同的角度出发，可以对试题进行不同的分类。若从正确答案是否唯一、评分是否客观来分，试题可以分为主观性试题和客观性试题。试题正确答案可用多种方式表达，评分者对评分标准难以做到完全客观一致，评分受到评分者主观因素的影响，这种试题即主观性试题。试题评分标准不受评分者主观因素影响，评分客观、可靠，不论由谁评分，都只能给出同一个分数，这样的试题即客观性试题。

严格来讲，主观性试题并不是一种试题类型，而是具有某种共同特点（考生自由作答、答案并非唯一）的众多类型试题的总称。主观性试题一般包括：论述题、作文题、操作题等。客观性试题和主观性试题一样，也不是一种试题类型，而是具有某种共同特征（试题正确答案及表述是唯一的）的试题的总称。

客观性试题一般包括：选择题、匹配题、是非题等。对于填空题、简答题、改错题、名词解释题、翻译题等，由于属于部分限制性的题型，评分客观，也归于客观性试题。试题较为详细的分类见图 3.1。

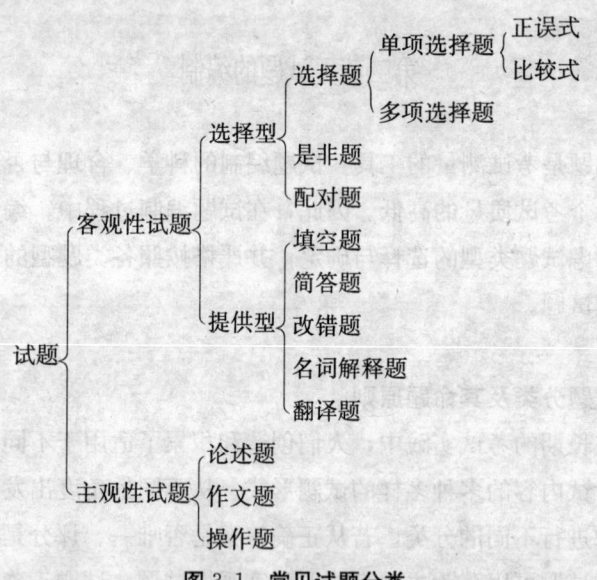

```
                                              ┌ 正误式
                          ┌ 选择题 ┌ 单项选择题 ┤
                          │        │            └ 比较式
                 ┌ 选择型 ┤        └ 多项选择题
                 │        │ 是非题
                 │        └ 配对题
        ┌ 客观性试题 ┤
        │        │        ┌ 填空题
        │        │        │ 简答题
试题 ┤        └ 提供型 ┤ 改错题
        │                 │ 名词解释题
        │                 └ 翻译题
        │
        │                 ┌ 论述题
        └ 主观性试题 ┤ 作文题
                          └ 操作题
```

图 3.1　常见试题分类

试题虽然种类繁多，特点各异，编制的具体要求也不尽相同。但无论什么样的试题，编制者在编制试题过程中应该遵循一些共同的、基本的原则。这些原则为：科学性原则、明确性原则、全面性原则、整体性原则、独立性原则和合理性原则。[①]

---

① 侯光文. 教育测量与教学评价 [M]. 济南：明天出版社，1991：103-106.

(一) 科学性原则

即试题必须保证内容的正确性，不能出现知识性的错误，不能与学生所学的概念、原理等相悖，否则将有碍于学生正确概念的形成，不利于对有关原理和规律的掌握和理解。

(二) 明确性原则

该原则的含义为：首先，在不泄漏解题思路的前提下，应尽量使题目语意清楚，试题的作答要求和指导语要言简意明，使考生明白怎么作答，答案以什么形式出现。尽量使试题不受语言文字等因素的干扰，否则将影响考试目的的实现。其次，试题答案要明确合理，防止引起歧义或争议。明确性原则提出的这两个要求一般通过正式考试前的试题预测即可得到保证。而对于那些没有实行预测的考试，则需要在命题过程中仔细推敲，认真编制试题。

(三) 全面性原则

即试题的形式和内容应符合考试目的，全面反映考试的要求。因此，试题的覆盖面要尽可能广，同时又要突出重点，保证试题在所测内容上具有一定的代表性，并使各部分的比例适当。

(四) 整体性原则

该原则要求，为了实现考试目的，我们要从整体出发，确定试题的份量、形式、难度等，而不能随意编题组卷。若是目标参照考试，就应以目标为标准编制试题，使整个试卷能准确地考查学生的达标情况；若是常模参照考试，编制试题时应更多地关注考生的水平，以便把不同水平的考生区分开来。再者，不同的认知水平，需要用不同层次的试题来考查，试卷的功能如何，应从整体上分析，而不是要求每一道试题都要达到同样的功能。此外，整体性原则还要求试卷有一个良好的结构安排，除在内容安排和整体功能上有好的特性外，在试题的编排方面应遵循由易到难、循序渐进的原则。

（五）独立性原则

独立性原则指各个试题必须彼此独立，不能相互牵连。一方面，在一个题目中已经考查的内容，在其他题目中不应再考查。另一方面，题目之间不能有所暗示。一个题目要求解答的问题，若在另一个题目的题干中提供了线索，将影响考查的效果。如历史填空题：

公元前525年，埃及被亚洲新兴国家_____灭亡；公元前330年，波斯帝国被马其顿国王_____灭亡。

该题两个空格的答案分别为波斯和亚历山大。很明显，第二问的文字对第一个空的答案起了暗示作用。这样的题目将影响考试的效度。

（六）合理性原则

在编制试题的同时，应合理制定评分标准，从而使评分简便、准确、客观，排除无关因素的干扰，同时在分数的分配、给分的标准等方面应科学、合理。主观题应分步、分等级定分，并要求评卷者严格按照评分标准给分，防止评卷者凭个人主观意志随意给分，影响考试的信度。

二、客观性试题的编制

客观性试题包括选择题、是非题、匹配题、填空题、简答题和翻译题等。这类题目的编制既有其共同遵循的一般原则，又有其各自遵循的原则。

（一）客观性试题编制的一般原则

虽然客观性试题种类很多，但不论哪一种类型的试题，在编制时都有一些共同的原则应当遵循：

第一，试题应能反映教学内容的重点或教学过程中要求学生掌握的有意义的内容、知识点及应培养和发展的能力等。

第二，每道试题应自成一体，各试题间相互独立，不可互相牵连。如一道试题的答案不应在另一题中有所暗示。

第三，试题语意应明确、清楚，防止考生产生歧义。题目表述要简明扼要，避免使用复杂的句式结构，以免妨碍学生的阅读和理解。

第四，试题的答案应是明确唯一的，防止出现有争议的答案。

第五，试题应力求原创性，而不应从教材或其他材料中照搬。对于大规模统一考试，每一道试题都应是原创的。只有这样，才可以提高考试的信度。

第六，应按照教育目标的要求或考试大纲的规定编制试题，内容不能超出被试群体的知识和能力范围。

（二）选择题的编制

选择题是客观性试题中最为灵活、应用最多的一种。它不仅能用来测量学生对基本知识的掌握情况，而且还可以考查学生对知识的领会、运用、分析和综合的能力。大部分考试都有这种题型。选择题一般由题干和选项两部分组成。题干一般是提出问题，或是待完成的句子，选项是供被试选择的几个真假不明的答案，让被试从中选择题干所要求的答案。应选的答案可以是一个，也可以是多个，可是正确答案，也可以是最优或错误答案。

例如："一二·九"学生运动中提出的是哪个革命口号？

A."外争国权，内惩国贼"

B."停止内战，一致对外"

C. "反饥饿、反内战、反迫害"

D. "为自由而战,为人权而战"

"'一二·九'学生运动中提出的是哪个革命口号"是题干,由问句组成;A、B、C、D四个备选答案是选项,其中B为正确答案,A、C、D为干扰答案。

根据不同的特点,可以对选择题作进一步的分类。目前常见的选择题的类型有:单项(正误式和比较式)、多项、最佳、最差、因果、比较、类推、分类、组合、改错、数列、排序、匹配、填空等。

1. 选择题的优缺点

选择题是在标准化考试中应用最多的一种试题,其优点在于:

(1) 可以用来测量学生各种不同层次的学习结果,不仅可以测量学生对基本知识的掌握程度,也可以用来测量学生对所学知识的理解、分析、判断、应用和综合的能力。因此,这种题型应用范围较广。

(2) 试题容量大,覆盖面广,题目取样范围广,代表性较强,可以克服传统考试中主观题由于试题题量少、抽样范围窄而造成的考试效度不高的缺点。

(3) 评分标准统一、客观,不受评分人主观因素和被试提出意想之外的答案的影响,并且可以利用电脑迅速阅卷,从而大大提高阅卷的速度和自动化水平,也有利于考试信度的提高。

(4) 采用大量的似真选项使得结果易于诊断,通过学生对错误选项的选择反应,便于发现、分析学生在学习中存在的问题,以便及时纠正。因此,这种题型有较好的诊断作用。

(5) 有利于考查被试思维的敏捷性和判断力的准确性。

然而，选择题也有其自身的一些缺点，具体表现为：

(1) 编制良好的选择题费时费力，且要有较高的命题技巧。选择题数量较多，每个题目中除正确答案外，还要编写与正确答案既有本质区别，又在表面上有相似之处的几个迷惑或干扰项，并非易事。

(2) 无法考查被试完整的推理能力、综合运用所学知识的能力、有效的总结能力、严密的表达能力及写作能力等。同时，也无法测量被试的思维（解题）过程，只能得到其思维结果。

(3) 被试有凭猜测而正确作答的可能性。如在有 5 个备选答案的试题中，选任一个答案均有 20% 猜中正确答案的概率，这对考试的信度有一定影响。

选择题的优点日益受到人们的重视，但其缺点又使人们不能仅用选择题来考查学生的知识、能力，而必须与其他类型的试题结合起来共同对学生进行全面的考查。

2. 选择题的编制原则

选择题的类型众多，但无论哪种选择题，为了使其优点得以实现，在编制试题时，应遵循以下原则：

(1) 题干应明确规定题意，题目的措词必须清楚明了，准确无误，使考生比较容易了解题目的要求。

例题（不妥题）

一物体切成大小不等的两块，那么

A. 两块将悬浮在水中

B. 两块都上浮到液面

C. 大的一块下沉，小的一块上浮

D. 大的一块上浮，小的一块下沉

究竟是怎样一个物体，由于没有交代清楚，整个问题令人费解。若将题干作如下修改：

"一物体质量均匀并恰能悬浮在水中，如果把它切成大小不等的两块，那么……"

这样一来，条件较清晰，要求明确，问题即可解决。

(2) 题干要简洁，选项中相同的内容应尽可能置于题干中。

例题（不妥题）

上世纪80年代末，华沙条约成员国相继发生危机，社会动荡，风起云涌。突出表现在：

A．社会制度的变化　　　B．文化观念的变化
C．国家名称的变化　　　D．民族构成的变化

该题每个选项中的"的变化"可以拿到题干中，修改为：

上世纪80年代末，华沙条约成员国相继发生危机，社会动荡，风起云涌。这些国家中发生的最突出变化是：

A．社会制度　　　B．文化观念
C．国家名称　　　D．民族构成

(3) 题干中应避免滥用否定结构。否定结构除给学生带来阅读上的困难外，一般也很少为教师提供关于学生对正面知识的掌握程度。当测量非常重要的学习结果时，题干也可以用否定句，但必须在反面的字词下划线或点，且尽可能放在题干的最后，以引起学生的注意。

例题（福建省2007年高考理科综合能力测试试题）下列有关种群增长的S型曲线的叙述，错误的是：

A．通常自然界中的种群增长曲线最终呈S型
B．达到K值时种群增长率为零
C．种群增长受自身密度的影响
D．种群的增长速度逐步降低

(4) 试题中应当只有一个正确答案或最佳答案。在最佳答案型选择题中，必须是没有争议的最佳答案，同时在题干中应有"在下列答案中哪一个是最好的"之类的词句，以免引起干扰。

例题（不妥题）

在实验室里能够用来制取氧气的反应是：

A. 加热硝酸铜晶体

B. 加热高锰酸钾晶体

C. 通二氧化碳于过氧化钠中

D. 通氟气于水中

该题题干的叙述会引起干扰，应改为"实验室里制取氧气最好用下列哪一反应"。这样，最佳答案便是B。

(5) 不能对正确答案有任何暗示。一般情况下，无意提供的暗示主要表现在：正确答案与错误答案在语法、逻辑上不一致；选项中正确答案与错误答案的句子长度不一；正确答案重复了题干中的某个词，使考生通过联想而猜中正确答案；正确答案叙述完整、条件充分、应用广泛等；正确答案中一般不会包含学生未知的语言或技术术语，不会使用激烈性的、无礼的或超出常情的语句，等等。

例题（不妥题）下列物质中，属于纯净物的是：

A. 空气　　　B. 粗盐　　　C. 纯水　　　D. 糖水

题干中要求找"纯净物"，正确答案是"纯水"，均用了"纯"字，为考生猜测正确答案提供了线索。

(6) 选项中的干扰项应具有很高的似真性，即应该是与题干之间有一定的逻辑性与似真性，从而对考生起到很强的迷惑作用，而不应该具有明显的错误。这是编制良好的选择题的关键之一。下面的这一例题就是违背这一原则的欠佳题。

例题（不妥题）商品的价值是由什么决定的？

A. 价格的高低　　　　　　B. 质量的好坏

C. 社会必要劳动时间　　　D. 企业的生产成本

该题中，选项A明显是错误的，不具有迷惑性，考生一眼就可将其淘汰。下面是一道很好的选择题。

例题　下列现象中，与城市化进程有必然联系的是：

A. 绿化面积不断减少

B. 非农业人口比重不断增加

C. 住房紧张与交通拥挤

D. 环境污染日趋严重

该例题中的所有迷惑项都是我国城市化进程中出现的问题，都具有较好的同质性，对能力差的学生而言，这些迷惑项的确具有很高的似真性，起到较好的迷惑作用。

一般来讲，可以通过以下途径来增加干扰答案的似真性：

①使用学生常犯的错误观念或过失来作干扰项。

②以学生惯用的模糊性用语叙述干扰项。

③干扰项在措词、形式、长度等方面与正确答案相似。

④干扰项中使用与题干有语义上的联系等迷惑性强的线索。

⑤保持各选项之间的同质性。

应注意的是，干扰项的目的在于起到对不具有相应知识的考生的迷惑作用，不能使之成为将好学生引入歧途的"陷阱题"。

（7）选项之间要相互独立，避免重叠。

例题（不妥题）　纯水的冰点（摄氏）：

A. 在-2℃以上　　　　　　B. 是0℃

C. 在-3℃以下　　　　　　D 在3℃以下

该题A、B、D三个答案是相互重叠的。

(8) 选项中尽量避免使用"以上皆对"或"以上皆错",特别是"以上皆错"不能作为最佳答案型选择题中的一个选项,因为这种选择题的所有选项都是正确的,只是"佳"的程度不同。它只能用于肯定式选择题中,但也不宜作为正确选项。"以上皆对"不宜用于只有一个正确答案的否定式选择题中,因为这种题目只有一个答案是正确的,而考生只要发现一个错误答案就会排除"以上皆对"这一选项。这些都会影响考试的信度。

(9) 各题正确答案的位置不要出现某种规律,以免让考生从答案的位置猜对题目。正确答案出现在各选项的频率应大致相等,但其配置不能有明显的规律,对能按逻辑或时间顺序排列的选项,就以逻辑和时间顺序排列,否则可随机排列。

需要指出的是,以上原则只是针对单项选择题而言。当编制多项选择题(即一道试题有两个或两个以上的正确答案)时,除应遵循上述有关原则外,还应注意:不要指明正确选项的个数;正确选项一般不要多于错误选项。

(三) 是非题的编制

是非题又称正误题,即要求考生对一个陈述句或问句做出对或错(是或非)判断的试题。

例如,一个半浮物体在液体中所受到的浮力等于它所排开液体的重量。(是)

是非题也可看作是选择项只有"正确"、"错误"的二择一的一种特殊选择题。只不过,由于它的两个固定的选项通常并不出现,因而在形式上它与一般选择题有明显的区别。所以习惯上都将其从选择题中分离出来,视为一种独立的题型。这类题型主要是测量考生判断句子的正确性的能力,适合考查考生对基本概念、原理等的认知和判断能力。

1. 是非题的优缺点

是非题是考查学生学习成果较为简便的测量手段，适合于评价学生对是非界限明确的事实的认识，特别适用于只存在两种对照选择的情况。具体而言，其优点体现在：

（1）编制较为容易，可适用于各门学科和各种教材。题目既可以是陈述句又可以是问句；题意可以是肯定的，也可以是否定的。

（2）答案只有对、错（或是、非）两种固定格式，因此，考生作答方便，同时可用计算机评阅试卷，省时、省力，而且评分客观、公正，有效地排除了主观因素的干扰。

（3）取样广泛。由于每个是非题的作答时间短，可以在一定时间内作答很多题目，所以试题有较大的覆盖面，有利于提高考试的效率。

由于是非题有以上的优点，所以其应用也很广泛。然而，是非题也有一些缺点，主要表现在：

（1）是非题只能测量知识层次中最基本的学习结果，而无法测量高层次的教育目标。

（2）受猜测影响较大。由于只有两种可能的选择，考生纯粹凭猜测也有 50% 的答对率。

这些缺点限制了它的适应性。一般情况下，不单独采用这种题型组卷，而是与其他题型配合使用。

2. 是非题的编制原则

为了充分发挥是非题的优势，在编制此类题型时应遵循以下原则：

（1）每一题只能包含一个重要概念，避免两个以上的概念在同一题中出现。编制是非题时，每一试题只能包含一个概念，而且是重要的、值得考核的概念,即教材中有意义的一些问题,而不是一些无关紧要的、细枝末节的内容。

例题(不妥题)　硫化氢具有还原性,因为硫化氢是一种可燃性气体。

此题考生容易答对,因为有些考生可能没有掌握硫化氢是否具有还原性,但他知道硫化氢可以燃烧。考生在不具备完整知识的情况下,因试题中某一个概念给答案提供了线索,这样就会降低考试的信度。此题可改为两题,每题只包含一个概念,即:

①硫化氢具有还原性。(是)

②硫化氢是一种可燃性气体。(是)

(2) 试题的措词应非常明确,且正确答案是确信无疑的,不致引起争议。也就是说,要求肯定的表述应完全是肯定的,否定的表述应完全是否定的,避免模棱两可的语句使考生难以区别。

(3) 避免使用暗示性的、有特殊限定的词语。当题意是正确的时,避免使用"有时"、"可能"、"通常"、"大多数"、"一般地"、"不一定"这类有特殊限定的词语,以防止考生仅根据这些词语就可以做出"是"的回答,从而猜对试题。当题意是错误的时,应避免使用"总是"、"绝不"、"从未"、"每个"、"所有"、"唯一"这类词语,以防止考生仅根据这些词语就可以做出"非"的回答,从而猜对题目。

例题(不妥题)①a 的相反数不一定是负数。(是)
　　　　　　　②置换反应都是离子反应。(非)

例题①中的"不一定"含有"对"的暗示作用,而例题②中的"都是"含有"错"的暗示作用。

此外,在编制是非题时,应尽量使正确的叙述和错误的叙述的长度相等,避免由于叙述的长短而给考生提供作答的线索。

（4）试题陈述应简洁明了，避免使用复杂的句式结构，同时应尽量采用正面叙述，避免使用否定句，特别是双重否定句，因为这种句式结构极易使考生感到困惑，因此而影响判断的正误。

（5）试题中的文句应避免直接抄自课本，而应编制那些需要通过一定的思考，运用所学知识，推断题目正误的问题，使题目具有一定的深度。例如，为了考查学生对物质的密度的理解，若仅仅是把课本中密度的定义写出来，或是稍微改动，然后测试学生，考查的意义就不大。应该根据密度的含义，运用编题技巧，编制一定的问题，让学生借助对知识的理解来作答，如：

①物体的质量越大，则它的密度一定越大。（非）

②物体的体积越小，则它的密度一定越小。（非）

③无论物体的质量和体积如何变化，它的密度都不变。（是）

（6）正确答案为"是"与"非"的题目数量应大致相等，且题目应随机排列，不可有一定的顺序或组型，避免提供作答的线索。

（四）匹配题的编制

匹配题是一种变形的选择题，是在对选择题进行改良的基础上得到的。这种类型的试题由一组题干和一组与之相配合的选项组成，要求学生从选项中为每个题干选配一个合适的答案。在这种题型中，每个题干只能选择一个答案，而每个答案既可以被选中一次或一次以上，也可以完全不被选中。因此，题干数与选项数既可以相等，也可以不等。很显然，匹配题和选择题的区别在于，匹配题为一组题干共用一组选项，而选择题是每个题干都有一组选项。

匹配题常用来测量某些事件发生的时间、地点，人物所取得的成就等记忆性的知识。这类题型常见的形式有三种：

一种形式是将两组或三组事物分列于左右，让考生将有联系的事物用线连接，这是使用最早的一种形式，如：

把下列作者与其作品用线连起来。

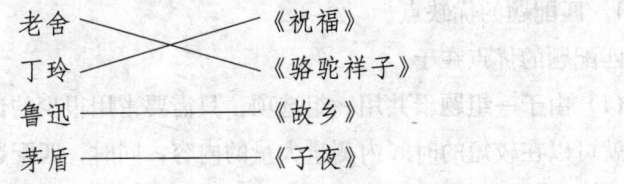

老舍　　　　　《祝福》
丁玲　　　　　《骆驼祥子》
鲁迅　　　　　《故乡》
茅盾　　　　　《子夜》

第二种是第一种的变形，它仍然是将有联系的几组事物左右分列，并对其中一组用字母标明。作答时，不要求考生用连线的方式表示事物间的联系，而是用注明字母代号的方式作答。这种方式为机器阅卷提供了方便，也是现在常用的方式。例如：

将右边年份的标号填入左边事件后面的括号中

南昌起义发生在（E）年　　　　　A　1931年
卢沟桥事变发生在（C）年　　　　B　1840年
"一二九"运动发生在（D）年　　　C　1937年
中英第一次鸦片战争爆发在（B）年　D　1935年
　　　　　　　　　　　　　　　　E　1927年

第三种形式是将备选答案组和问题组分前后列出，并分别用字母和数字标明代号。考生解答时，根据问题的内容和要求，从备选答案中挑选合理的解答。例如：

我国历代王朝的灭亡通常有三种情况：

A． 被权臣、大将所取代
B． 被少数民族统治者所灭
C． 被农民起义所推翻

以下四个王朝灭亡的原因各属哪种情况？

(1) 西汉王朝灭亡属于（A）

(2) 后周王朝灭亡属于（A）

(3) 北宋王朝灭亡属于（B）

(4) 明王朝灭亡属于（C）

1. 匹配题的优缺点

匹配题的优点在于：

(1) 由于一组题干共用一组选项，只需要占用很少的试卷空间，就可以在较短的时间内测量大量的内容，同时，匹配题计分也很容易。

(2) 利用不同的题干与选项的不同组合，可以测量不同类型的内容在知识上的相互关系。它经常用于考查人与事件的关系、事件与事件的关系、因果关系以及原理与知识的运用等关系。

(3) 匹配题的编制比选择题要容易。但要编制出高质量的匹配题也不容易，因为编制匹配题最大的困难在于每一个题干的正确答案同时又必须是其他题干的"似真答案"，如果某些选项缺乏似真性，就会给考生提供猜测正确答案的线索。这就要求编制者要有较高的编题技巧。

当然，匹配题也有自身的缺点：

(1) 这种题型只适合于考查学生对知识的记忆和理解这些较低层次的教育目标，难以测量高层次的教育目标。

(2) 较难找到一些符合某一学习结果的同质材料。若编制题目时采用了不同性质的材料组成一组题干，或者提供超量的选项，等于给学生提供作答线索，也就无法测量出学生真实的学习结果，影响考试的信度。

2. 匹配题的编制原则

根据匹配题的特点，在编制试题时应注意以下几条原则：

(1) 在一道题目中，各个题干和选项应具有相同或相近的性质,这种同质性可以保证除正确答案外的所有选项都能成为似真答案。若在问题一列中有的问年代、有的问地方、有的问人名,其所问的性质不同,这样考生很容易从选项中找出相应的正确答案。

例题(不妥题)

①十月革命纪念日是( )。　　　A　密西西比河
②美国的首都是( )。　　　　　B　十一月七日
③世界第一长河是( )。　　　　C　一九四五年
④第二次世界大战结束的年份是( )。D　华盛顿

在这个例题中,题干和选项均分别是日期、城市名称、河流名称、年份,具有完全不同的性质,造成各选项对题干来讲,缺乏似真性。考生即使对这些知识并未掌握,也可凭猜测答对。这样,考查结果就缺乏可靠性。

(2)一般来讲,选项数目要多于题干的数目,且不限制每个选项被选择的次数,这样可以降低考生猜测正确答案的概率。若题干与选项的数目相同,在关系上也一对一,最后一组选择就成为定局,形同虚设,甚至对考生产生提醒作用,即当最后一组不匹配时,提醒考生前面的匹配可能存在问题。下面的例题就是符合上述原则的较好的试题。

例题:我国历史上若干战争的年份

①中法战争(C)　　　　　　A　1840年
②八国联军(E)　　　　　　B　1850年
③鸦片战争(A)　　　　　　C　1883年
④甲午战争(D)　　　　　　D　1894年
　　　　　　　　　　　　　E　1900年

(3)必要时,要以清晰的指导语指出题干与选项之间的配合

关系及每个选项可以被选择的次数的规定。尽管在大多数匹配题中，其配合关系很明显，在答题说明中清楚地指出还是有必要的，这样可以避免题意不清，且节省测试时间，考生不必读完所有题干和选项后才作答。

（4）各题干和选项的形式和结构应简洁明了，减少考生在阅读题目和理解题意上花费的时间。选项的词语要短，而题干的词语应较长些。同时，每一道题的配对数目不能太多，一般不超过10个，否则考生难以作答。

（5）题干和选项应按照一定的逻辑顺序（如按字母顺序、年月顺序、数目大小等）排列。

（6）卷面的安排要便于理解，便于评分，一般情况下，一个试题的所有部分应安排在试卷的同一页上。

（五）填空题的编制

填空题是提出一个陈述，其中缺少一个或几个关键词语，要求考生将其补充完整。

例题（2006年高考语文全国卷Ⅰ）

王国维在《人间词话》中认为，"古今之成大事业大学问者，必经过三种境界"：一是"昨夜西风凋碧树，＿＿＿＿＿＿，＿＿＿＿＿＿＿＿＿＿＿"（晏殊《蝶恋花》）；二是"衣带渐宽终不悔，＿＿＿＿＿＿＿＿＿＿"（柳永《凤栖梧》）；三是"众里寻他千百度，＿＿＿＿＿＿＿＿＿＿，那人却在＿＿＿＿＿＿＿"（辛弃疾《青玉案》）。

【答案】独上高楼　望尽天涯路　为伊消得人憔悴　蓦然回首　灯火阑珊处

1. 填空题的特点

填空题可以用来考查对知识记忆和理解的程度，应用范围广，各种学科都可以采用，在诊断性测验中尤其被广泛应用，且猜测机率小。同时，编制容易，答案明确，评分也客观。从表面上看，填空题比选择题需要更高级的智力活动，因为它是在重现而不是在再认的基础上作答，但实际上填空题没有选择题那样需要更深刻的分析、思维和理解的能力，填空题偏重于测量考生对知识的记忆程度，且只能考查一些零散的、琐碎的知识，对高层次的教学目标难以测量。在考试中使用过多的填空题，将会使学生忽视重要的教学目标，并容易养成死记硬背的习惯。

2. 填空题的编制原则

为了使填空题更好地发挥作用，在编制过程中应注意以下几点：

（1）填空题所空出的应该是重要的内容和关键的字句，并且要和上下文有密切联系，不要空出无关紧要的字词，从而误导考生去背诵那些不重要的知识。

（2）一道填空题空白不能太多，以免使句子支离破碎，使考生不易理解题意。

例题（不妥题）

教育评价是对_____满足_____的程度做出判断的活动，是对_____现实的或潜在的_____做出判断，以期达到_____的过程。

该题目由于空白太多，考生很难理解题意并正确作答。

（3）每个空白处应当有非常正确的、而且是唯一正确的答案，以便于评分。

（4）尽量将空白处放在句尾而非句首。

例题（不妥题）_____发明了电。

本题最好改为"发明电的是_____"。

（5）一道题中所有空白处的线段长度应当一致，不能随正确答案文字的多少而有所长短，以免有暗示作用。

（6）如果答案是数字，应指明单位和数字的精确程度。这样，考生在作答时有所遵循，且利于评卷。

（六）简答题的编制

要求考生用简短的几个字或句子对所提出的问题进行回答的试题即简答题。如：

我国古代的"四书五经"是哪些？

答：_____。

简答题和填空题都是供答题中简答的形式，有时二者还可以互换。上面这个例题就可以改成填空题。

1. 简答题的特点及类型

简答题适合于考查考生对基本知识、基本原理、概念等的掌握情况。和填空题一样，简答题的编制也较为容易，大多数简单的学习结果都可采用简答题来测量。同时，简答题要求考生自己提供答案，所以受猜测的影响很小，考生若不具备完整的知识，是无法答对的。但是，简答题也存在着缺点：一是无法用来测量诸如分析、综合等深层次的教学目标；二是评分也不够客观，除非问题的叙述非常清楚，否则将会有不同的正确或部分正确的答案，这将影响评分的客观性。

常见的简答题的类型有：解释题、直接问答题、列举题和简要说明题等。

解释题即通常的名词解释题。这种题一般是提供重要的名词或概念，要求考生做出正确的解释，其目的在于测量考生对一些重要术语、概念的掌握情况。这种题型编制相对简单，但容易导致考生死记硬背。如：

请解释"正当防卫"。

直接问答题就是让考生对所提出的问题直接进行解答。例如：

考试的主要功能是什么？

列举题就是要求考生根据题目要求列举出相应的人或事物等，并简要说明。例如：

列举中国共产党历史上具有转折性的会议。

简要说明题又称简要叙说题，一般是对一段话进行分析或说明。例如：

判断"教育的基本功能是促进人的发展与促进社会的发展"这一说法是否正确，并作简要说明。

2. 简答题的编制原则

在编制简答题时，要注意遵循以下几个原则：

（1）题意要明确，问题要具体。题目本身要对答案的范围有明确的规定，以免考生对题目产生多种理解或有多种答案，同时，要使考生用简单的语言就能回答。如：

简述四项基本原则的含义。

（2）问题的答案应该只有一个，且答案要简短、具体。

例题（不妥题） 我国四大文学名著是哪些？

由于此题的范围不明确，答案自然有多种。该题应改为：

我国古代文学史上四大文学名著是哪些？

（3）避免出只考机械记忆的题目，应注重考查对知识的应用。

（4）在考查某公式的应用时，不要给太复杂的数字，以免给考生计算带来不必要的麻烦。

（5）尽可能使用直接问句来提问，防止考生的错误理解。

三、主观性试题的编制

主观性试题属于自由应答型试题,即考生在解答问题时,只要是在题目限定的范围内,可以在深度、广度、组织方式等方面自由组织答案,考生在一定程度上享有很大的自由和自主发挥的空间。不过,这一自由也导致评分时主观因素影响较大。主观性试题一般包括论述题、作文题和操作题等题型。

与客观性试题的编制相似,在编制主观性试题时,各类题型有其各自的编制原则,但同时也有一些它们应共同遵循的原则。

(一) 主观性试题的优缺点及其编制的一般原则

1. 主观性试题的优缺点

主观性试题的优点主要表现在:

(1) 主观性试题适合于用来测量高层次的学习水平,如分析概括能力、讨论问题的能力、鉴赏评价以及文字表达的能力等,这些能力是客观性试题难以测定的。

(2) 试题答案能够反映考生解答问题的整个思维过程和回答问题的正确程度,这为改进教与学以及正确合理地评定考生的学习水平提供了大量的信息。

(3) 有助于引导学生平时养成活学活用、注重知识的运用及各种能力的培养等。同时,主观性试题通过创设问题情境,为考生各抒己见、充分发表自己的见解和施展才华提供了一个很好的机会。

主观性试题也有自身的缺点,主要在于:

(1) 由于主观性试题作答费时,因此试卷中题量较少。这样一来,考试内容的覆盖面将很小,试题取样不广泛,难以有效地代表要考查的内容,进而影响考试的信度和效度。

(2) 评分易受评分者主观因素的影响，不同评分者对同一试题的评分有时出入很大，这将导致评分不够客观，影响考试的信度。

(3) 阅卷费时费力，尤其是对于大规模统一考试如高考而言，更是增加了组织评卷的难度。

2. 主观性试题编制的一般原则

(1) 加强试题的综合性，以考查较高层次的学习水平。根据考试目标和考试内容的要求，按照命题双向细目表，对于考生学习水平中较高层次能力的考查，主要通过主观性试题中的自由应答型题目来完成，在编制这种题目时，应注意问题的综合性。

(2) 试题应考查教学内容中的重点问题。为了保证试卷考查的重点与实际教学的重点相一致，应根据命题双向细目表来命制试题。对限制性试题而言，每道试题都应考查某个较重要的知识点；对于自由应答型试题来说，由于主要是考查考生运用所学知识分析问题、解决问题的能力，因此应将本学科中的实质性内容确定为考试内容。[1]

(3) 试题应具有一定的开放性，给每个考生提供发挥才能、展示才华的机会。这可以通过编制扩展性试题来实现。

(4) 注意试题的灵活性和富于变化，将问题与现实情境相结合，注重考查考生的各种能力。为此，试题应选用最新资料，强调试题的原创性，同时设计新颖的问题情境和提倡多角度思考问题等。当然，出"活题"也要注意到，不能脱离考试范围和要求，随意提高试题难度；不能脱离考生的实际水平；不能出一些

---

[1] 张敏强. 教育测量学［M］. 北京：人民教育出版社，1998：77-78.

偏题、怪题，故意刁难考生。

（5）在编制试题的同时，制定科学、合理的评分标准，包括参考答案和给分标准。给分标准应明确规定各个要点、步骤、等级的得分，对一些特殊情况应作具体规定，统一处理，以保证评分尽量公平、客观。

以上所讲只是编制主观性试题时应遵循的一些一般原则，主观性试题内部所包含的各类题型，又有它们各自所应遵循的一些原则。

（二）论述题的编制

论述题，即提出一些问题，要求考生以自己的语言组织成一份较长答案的试题。这类题型最大的特点是考生可以自由作答。考生在采用哪些材料、以何种方式组织论证、采用什么样的方法等方面均有较大的自由。因此，此类题目能较好地测量考生综合运用所学知识解决问题的能力。

根据允许考生自由作答程度的大小，论述题可分为限制性论述题和扩展性论述题。限制性论述题对试题的答案做了极大的限制，作答时考生仅能提出一个简短的、精确的答案。如：

试述国家公务员四种法定交流形式的概念及它们之间的区别。

扩展性论述题几乎不限制考生作答的形式及范围，让考生充分自由地发挥其水平。如：

阐述科举制度在不同历史阶段所发挥的作用。

1. 论述题的优缺点

论述题在各种考试中发挥着独特的作用，其优点为：

（1）可以用来测量高层次的教学目标，如测量考生组织、归纳和综合知识的能力，运用其所掌握的知识解决新问题的能力及探讨问题和创新的能力等。同时，它可以应用于各个学科，尤其人文、社会科学领域。

（2）对学生的学习有积极的影响。采用论述题，学生将在平时的学习中更为积极地准备，注意整个教材内容的内在联系及注重自身各种能力的培养，这些对学习都会有积极的影响。

（3）可以提高学生的书面表达能力。书面表达能力是重要的教学目标，论述题则是测量这一目标的良好工具。采用论述题考试，学生需要以书面表达方式作答，这对学生的写作能力有积极影响，同时也可促进学生书面表达技巧的提高。

（4）论述题编制较容易。一项考试中，论述题题量少，编制时只需要提出问题，所需时间较少，因此，编制相对容易，且受猜测因素的影响很小。但是，编制一道既有内容效度，又使评分误差较少的论述题，也不是一件易事，需要一定的精力和时间。

论述题同时也有它的缺陷：

（1）考试时间有限，同时论述题作答费时，因此，一项考试中论述题数量较少，对教学内容的覆盖面较窄，难以全面考查考生的学习成就，影响考试的信度。

（2）编制试题受编制者主观因素影响较大。论述题主要靠经验编制，题目质量靠编制者的经验来估计，没有用科学的方法去检验题目的难度、区分度等指标，从试题到试卷，其质量都没有明确的检查标准。因此，论述题的编制受个人主观因素的影响较大。

（3）阅卷费时，评分缺乏客观性。论述题的一大特点是正确答案不唯一，一道试题可以有多种表达形式。答案不唯一，自然没有客观的、固定的评分标准。评卷人是根据自己的经验及对题目回答正确程度的主观理解来给分的。因此，评卷人的专业水平、经验、兴趣等主观因素对评分的高低必然有一定的影响，导致评分有时很难做到客观、公正。

2. 论述题的编制原则

为了保证论述题的质量，在编制题目时应遵循以下原则：

（1）试题应与要测量的高层次教学目标有关，也就是与测量那些客观性试题所不能测量的诸如综合、评价及表达应用等目标有关。例如：

结合我国改革开放的实际，从认识论上阐明解放思想与实事求是的一致性。

（2）要明确地陈述问题，使考生能清楚地明白作答的要求与任务。同时，由于论述题考查的是复杂的学习结果、高层次的教学目标，因此在题目陈述中可采用"分析"、"比较"、"判断"、"评定"这样的词语来引导考生，使其反应冲破知识层次的界限。

（3）论述题的答案应有统一的定论，否则给评分带来更大的困难和误差。编制此类题时，一般要对考生的作答范围、观点作一定的限制，如加上"请以……观点来分析……"等字句，避免有争议的问题。例如：

鲁迅先生在《中国人失掉信心了吗?》一文中指出"我们从古以来就有埋头苦干的人，有拼命硬干的人，有为民请命的人，有舍身求法的人……虽是等于为帝王将相作家谱的所谓'正史'，也往往掩不住他们的光耀"。

请以近代史的若干人物或事件依据说明这一观点的正确性。

（4）一般情况下，不应允许考生随意选择试题作答。论述题之间很难做到等值，不同的试题缺乏可比性，若考生选题而作，将无法区分这些考生的水平，还给评阅试卷带来困难。

（三）作文题的编制[①]

作文题实际上是一种论述题，是语言测试中很重要的一部分。作文是对一个人的逻辑思维、形象思维、书面表达等多种能力的一种综合考查。从不同的角度，可以对作文试题进行不同的分类，常见的分类法有：

第一，从提供题目或材料的方式来看，分为命题作文和供料作文。命题作文只提供题目，不提供任何材料，不作任何解释和说明，要求考生写一篇文章。如：2007年上海高考语文作文题即为命题作文，题目为"必须跨过这道坎"。

供料作文包含供料命题作文和供料自由作文两种。供料命题作文首先提供材料，如给一篇文章、一个故事或一幅漫画等，要求考生根据确定的思路，或根据指定的题目，或自选角度和题目，写一篇文章。如2007年高考江苏卷的语文作文即为供料命题作文，题目为"怀想天空"，所提供的材料是：

人人头顶一方天，每个人的生活都与天空相连，每个人的心中都有一片天。明净的天空，辽阔的天空，深邃的天空，引人遐思，令人神往。

请以"怀想天空"为题写一篇不少于800字的文章，立意自定，除诗歌外体裁不限。

而2007年广东高考卷语文作文属于供料自由作文，提供的材料是：

万物在传递中绵延不已，人类在传递中生生不息。技艺、经验可以传递，思想、感情可以传递……

[①] 黄光扬，主编. 教育测量与评价[M]. 上海：华东师范大学出版社，2002：103-104.

请以"传递"为话题写一篇不少于800字的文章。标题自拟,文体自选(诗歌除外),所写内容必须在话题范围之内。

第二,根据文体,可分为记叙文、说明文、议论文和应用文等。

第三,根据对所提供的材料的处理方式不同,可分为:缩写型、改写型、填空型、续写型、扩写型等。

作文题是一种考查考生的思维水平、书面表达能力的综合性试题,命题的质量直接影响到考试的信度和效度,因此,为了能真实、客观地考查考生的实际水平,在设计作文题目时应注意以下几点:

第一,根据考试的性质、目的,确定相应的作文文体要求。

第二,题目的设计应贴近现实社会生活和学生的实际情况。

第三,应根据考生的心理特点、知识水平,确定选材范围与写作要求,同时要考虑题目设计的公平性,尤其是大规模统一考试中作文题目的设计,应考虑不同地区、不同学校学生的水平差异,避免因题目设计不当而影响考试的公平。

第四,题目的设计应有一定的开放性、时代性、前瞻性,给不同水平的考生创造自由发挥的空间。

(四)操作题的编制[①]

在许多学科中,操作的方法和过程是重要的测量目标,如实验课、体育、美术及音乐等课程。作为纸笔测验的一种补充,操作测验介于纸笔测验和未来真实情境的实际活动之间,具有真实的情境模拟性。

---

① 张敏强. 教育测量学[M]. 北京:人民教育出版社,1998:79-80.

1. 操作题的分类

根据情境的真实性程度，可将操作测验分为以下四类：

(1) 纸笔操作测验：即利用纸笔测验模拟真实情境来考查考生知识和能力的应用情况。如编制某项实验计划、报告等。

(2) 辨认测验：包括代表各种不同真实性程度的测验情境。有时，仅要求考生辨认完成某项任务的工具或应用程序；有时则向考生提出较为复杂的任务，让其辨认事物存在的问题或故障所在，并提出相应的解决问题的思路或办法。这种测验是对实际操作技能的间接测量。

(3) 模拟操作测验：即要求考生在模拟情境下完成与真实活动相同的动作，如机动车驾驶员模拟考试，物理、化学实验等，它的特点是强调程序的正确性，通常可作为真实情境中实际操作的准备。

(4) 工作样本操作测验：是让考生在标准的实际情境中去完成实际任务的测验。这类测验在操作测验中真实性最高，包含了真实操作的所有基本要素，但是在有控制的标准条件下完成的，如师范院校学生的教学实习、机动车驾驶执照考试等。

2. 操作题的编制原则

由于操作测验的准确实施比较费时，条件不易控制和标准化，评分较困难，因此，在编制设计时，应注意以下几点：

(1) 明确所要测量的教学目标和学习结果，并将其操作化，即对整个操作进行工作分析，找出具有代表性的工作样本，并为每一操作建立一个评分标准，如操作的速度与精确度、步骤与程序的正确性等。

(2) 选择合适的真实性程度。一般情况下，应根据教学目标的要求、客观条件的限制、工作本身的性质等，来确定所需测验的真实性程度。

（3）指导语简单明了，使考生明白实际的情境、任务及评价标准等。

（4）确定科学、合理的计分方法。对操作行为的计分通常要将程序和作品二者结合起来。通常的计分方法有：第一，作品量表法，即用一系列质量层次不同的作品作样本，在计分时，将被评价的作品与量表中的样本进行比较，以确定该作品的分数。第二，核查表和评定量表。如果某个操作或作品可以分为几个方面和环节，则可以用核查表考查考生是否每个环节都做了，评定量表则可进一步评定考生的每一个操作环节是否达到规定的标准及其符合理想特征的程度。

【复习思考题】

1. 设计一项考试的基本程序有哪些？
2. 在一项考试中，如何编制命题双向细目表？
3. 一般来讲，在编制试题时，应遵循哪些基本原则？
4. 选择题有什么优缺点？编制选择题应遵循哪些原则？
5. 主观题有什么优缺点？编制主观题应遵循哪些原则？

第四章
教育评价概述

当谈到教育评价时，人们普遍关心的几个问题是，为什么要进行教育评价，即教育评价有什么样的目的、作用；评价谁及评价什么，即教育评价的对象和内容是什么；如何评价，即教育评价的方式方法是什么，也就是通过什么样的途径开展教育评价工作。本书接下来的几章将对这些问题逐一进行论述。

第一节 教育评价的意义

一、教育评价的内涵与目的

1. 教育评价的内涵

"评价"一词，《辞海》的解释是："评

论货物的价格",而"今亦泛指衡量人、物或事物的价值"。台湾版《中文大辞典》对该词的解释是:"评定其价值也。"可见,在中文中,"评价"即评定价值。在英文中,evaluation(评价)在词源学上的含义为引出和阐发价值。《朗曼当代英语词典》对该词的解释是:to calculate the value or degree of(计算价值或程度)。

从本质上看,评价是人类的一种认识活动,人类的认识有两种取向,一种是揭示世界的本来面目,一种是揭示世界的意义和价值。评价就是一种揭示世界的意义和价值的认识活动。因此,评价是一种价值判断活动,是对客体满足主体需要程度的判断。

评价这一概念的应用范围很广,它存在于社会生活的各个方面,是人们常见的一种社会活动,也就是说,在日常生活中评价也是一个经常会遇到的问题。当把"评价"一词用于学校教育领域或课堂教学中时,"评价"一般指的就是"教育评价"。

"教育评价"(educational evaluation)这一概念,最先由美国俄亥俄州立大学教育科学研究所泰勒(R. W. Tyler)教授在其主持的、旨在解决当时美国高中课程及教学问题的"八年研究"(1933—1940)后,于1942年发表的"史密斯——泰勒"报告中正式提出。泰勒也因此被称为"教育评价之父"。目前,教育评价已成为教育科学的一个重要研究领域和教育实践领域的一项重要内容。

所谓教育评价,是指在系统地收集、分析资料的基础上,依据教育目标对教育过程及其结果进行价值判断,以期达到教育价值增值的过程。

1971年,美国学者格朗兰德(Gronlund, N. E.)认为,

评价可以简单地用下式表述：[1]

评价＝测量（定量描述）或非测量（定性描述）＋价值判断

这就是说，评价是在定量（或定性）描述的基础上进行的价值判断活动。依据上述公式，我们得出下列简式以表述教育评价的基本内涵：教育评价＝客观描述＋价值判断＋价值增值，其核心要素及其内涵分述如下：

第一，客观描述。客观描述是教育评价的首要前提，要进行教育评价，首先要进行客观描述，也就是说，任何教育评价都应建立在客观描述基础之上。客观描述，是指对事物进行定量描述或定性描述，定量描述是对事物量的方面的分析与研究，定性描述是对事物的质的方面的分析与研究。客观描述实际上是一种"事实判断"（如，这个学生掌握了 26 个英文字母的正确发音），它不仅要"客观"，而且要"全面"、"准确"，即要真实地反映事物的本来面目。正因为如此，我国正在进行的新一轮基础教育课程改革，强调评价不再依赖于传统的一次性描述，而是倡导持续性描述，尤其在学生评价方面，提倡采用成长记录袋评价法，全面、准确地描述学生的成长历程。对学生成长的关注，也是发展性学生评价的灵魂。[2]

第二，价值判断。价值判断是在客观描述的基础上，根据评价者的需要和愿望对客观事物做出评判。在这里，要理解价值判断，必须先了解价值和教育价值。价值反映的是主体与客体之间

---

[1] 格朗兰德. 教学测量与评价 [M]. 郑军，等，译. 石家庄：河北教育出版社，1997：4-5.

[2] 余文森，主编. 新课程背景下的公共教育学教程 [M]. 北京：高等教育出版社，2004：267.

的一种关系,即客体满足主体需要的关系,而教育价值指的也就是教育活动对主体(包括社会主体和个体主体)的发展需要的一定满足,也就是说,教育价值由教育活动满足主体需要的程度来决定。不同的主体有不同的需要,因而对教育活动就有可能产生不同的判断。由于受评价者价值观念的影响,因此价值判断有一个显著的特点:"它是一种客观性与主体性统一的活动。所谓客观性,就是说它是在客观地描述对象的基础上进行的;所谓主体性,就是说评价的结论又与评价者本身对事物'应该怎样'的认识有关,反映了评价者的主体需要和愿望。"①

很显然,价值判断是教育评价的本质属性,这里涉及两个方面的价值问题,一个是对教育价值的认识问题,一个是评价者本身的价值观问题。教育价值反映的是教育活动与主体需要之间的一种关系。主体有社会主体与个体主体之分,因而教育价值有个体价值与社会价值之分。个体对教育的需要形成了教育的个体价值,也即教育的本体价值或内在价值;国家、地区对教育的需要形成了教育的社会价值。任何社会的教育都是在满足个体与国家两方面需要的基础上得以发展的。但从根本上说,教育的个体价值是基础,教育的社会价值是教育的个体价值的社会表现或外化;教育的个体价值是"源",教育的社会价值是"流"。②

教育价值是价值判断的外在依据,而评价者本身的价值观则是价值判断的内在依据。教育行政部门领导的价值观,是对学校教育进行评价的标准;学校内领导者的价值观是评价教师的依

---

① 陈玉琨. 教育评价学 [M]. 北京:人民教育出版社,1999:8.
② 肖远军. 教育评价原理及应用 [M]. 杭州:浙江大学出版社,2004:2.

据；而教师的价值观是对学生进行评价的标准。

很显然，教育评价的关键是评价者拥有什么样的价值观。当前我国基础教育评价改革的根本在于价值观的重建，即建立旨在促进学生发展、教师发展、教育发展以及有利于整个社会发展的评价观。

第三，价值增值。教育评价的本质是价值判断，但教育评价的目的却并不在于价值判断本身，而在于价值增值，即提高教育的质量与效益，促进教育活动满足个体与社会的需要，增进教育的个体价值和社会价值。

2. 教育评价的目的[①]

教育评价的目的，就是指人们在开展教育评价之前设想或规定的教育活动所要达到的结果或目的。从教育评价的发展历程来看，不同时代的教育评价，其目的不尽相同。早期的教育评价的主要目的在于鉴定，即测量教育目标的实现程度或者比较鉴别教育活动结果；现代教育评价则更注重通过评价促进工作的改进，为教育决策服务。如我国目前正在推行的"五年一轮"的普通高等学校教学工作水平评估制度明确指出，实行本科教学工作水平评估只是一种手段，其真正的目的在于"以评促建、以评促管、以评促改、评建结合、重在建设"，从而最终提高我国的高等教育质量。

教育评价的最终目的是达到教育价值的增值，即提高教育质量，满足个体与社会的教育需求。为此，教育评价首先就是为教育目的或教育目标的制定、实现与完善提供依据和支持。教育目

---

① 沈玉顺，主编. 现代教育评价 [M]. 上海：华东师范大学出版社，2002：11-15.

的一般指国家的教育目的，而教育目标则是教育目的的具体化，包括各级各类学校教育的培养目标，各个学校的办学目标、各种具体的教育活动的目标、课程与教学的目标及有关管理工作的目标等。

为了保障教育目的或教育目标的实现，教育评价就要为教育教学、教育管理和教育科研等具体教育活动服务。除了上述增值、保障服务等一般意义上的目的外，教育评价还特别强调以下三个方面的具体目的：

(1) 鉴定结果

教育评价在教学实践活动中被广泛地用来鉴定对象对于目标的实现程度，或者根据某种外在的标准鉴定教育活动结果合格与否、水平高低，以及进行比较、排名、筛选或选拔。这实际上是早期教育评价的主要目的。现代教育评价已不再以鉴定为其主要目的，同时强调要淡化教育评价的鉴别、选拔等目的。

(2) 诊断问题

诊断的目的已经成为现代教育评价特别强调的目的之一。教育评价就是要提供有关评价对象的各种信息，发现教育教学实践活动中存在的问题，并提出相应的解决问题的对策。肯定成绩、发现问题并提出有针对性的"处方"，是教育评价的诊断目的的基本含义。

(3) 改进行为

改进的主要含义是及时反馈信息，调控行为，促使评价对象不断地进步、完善。正如美国教育评价学专家斯塔费尔比姆所言："评价最重要的意图不是为了证明，而是为了改进。"[1] 过

---

[1] 陈玉琨，等，编．教育学文集·教育评价 [M]．北京：人民教育出版社，1989：301．

去，人们过多地关注于教育评价如何保障教育目标的实现，而忽视了其在促进被评价者改进方面的作用。现在，教育评价的主要目的就是为了改进教育工作，提高办学效益和教育质量，使教育能满足受教育者和社会发展的根本需要。因此，强调"改进"（或发展）已经成为现代教育评价基本的价值取向和主要特征。

教育评价的最终目的是为了满足人们的需要，由于人们的需要是多样的，自然决定了教育评价的目的也是多样的。但无论教育评价有着什么样的目的，其最直接的目的是要取得准确的信息及评价结论，或对评价对象的价值做出科学、合理的判断。因为，只有评价结果是可靠的，并得到合理的解释，才有可能被合理使用，而教育评价的其他目的也才有可能实现。

二、教育评价的作用与类型

（一）教育评价的作用

教育评价的作用主要表现在以下几个方面：

1. 导向与激励作用

导向即引导方向。教育评价的导向作用，是指教育评价像一根"指挥棒"，可以引导评价对象趋向理想的目标。合理的教育评价具有明确的评价目的、科学的评价指标、严密的评价程序和客观的评价结论，这些可以为教育行政部门提供更好的工作方向；帮助学校明确自己的办学方向和发展目标；帮助教师和学生发现教学过程中存在的问题，并提出改进的措施等。在当前我国全面推进素质教育的过程中，为了防止应试教育的现象愈演愈烈，必须以素质教育的评价体系为导向，将"知识、分数、升学率"这样的评价标准转变为以素质为核心的"知识、能力、全面发展、个性发展"的评价标准。也就是说，可以通过建立评价指标体系来发挥教育评价的导向作用。因为评价指标起着指挥棒的作用,就会出现评什么就抓什么、不评就不抓或少抓的现象。

教育评价的激励作用则是指,教育评价的正确运用,能够激发评价对象的内在动力,挖掘他们的潜能,增进他们工作的积极性等。每个评价对象都渴望了解自己学习、工作的结果,这种心理趋向本身就具有激励作用。同时,客观、公正的评价结果也具有激励作用。在集体中,人们总是自发地与周围的群体和个人进行比较,在比较中实现自我修正与发展。人与人之间的比较心理是一种客观存在,且具有追求平等、公正的积极意义。此外,作为管理的手段,评价往往意味着将评价对象与某种外在标准进行比较,这种比较也具有激励作用。因此,发挥评价的激励作用,既是评价对象身心发展的需要,也是教育管理的需要。从某种程度上说,教育评价的过程就是一种激励的过程。

2. 反馈与交流作用

教育评价的反馈作用是指通过有目的地系统采集有关评价对象的信息,传递给评价者,然后收集评价对象的反馈信息,从而实现评价信息的循环,以此来不断修正评价对象或其行为。反馈作用,有助于提高教育评价活动自身的科学性、准确性及有效性,逐渐缩小评价对象与教育目标之间的差距,实现对教育活动的调节和控制。反馈作用的有效发挥,取决于教育评价的信息传输渠道是否畅通、信息是否可靠、信息的反馈及行为的调整是否及时等。

教育评价的交流作用是指教育评价促使评价者、被评价者及其他与评价有关的人或群体内部及其相互之间交换信息。这种交流作用不仅表现在认知领域,也表现在情感领域。通过交流,评价各方产生互动,相互学习,共同进步。教育评价客观上具有交流作用，教育评价的过程，实际上就是信息交流的过程，这是由教育评价的中介性和信息来源的多样性决定的。

3. 检查、监控作用

教育评价的检查作用就是对评价对象的实际状况与评价标准或预定目标的符合程度进行衡量与判断。按照一定的标准进行检查，找出评价对象存在的问题或诊断问题的原因，得出评价对象与标准之间的吻合度，从而对评价对象的现状做出基本判断。由于检查是教育管理的基本职能，因而评价的检查作用备受重视。

教育评价的监控作用是指依据预期目标而制定的评价体系来监视评价对象的变化情况，对偏离总的预期目标的行为及时进行反馈调整，实现对评价对象的控制。在教育实践中，这种监控作用的有效发挥，必须以尊重教育活动的规律为前提。一个合理的教育评价体系，应该能够对特定范围内的教育活动从宏观到微观进行有效的监控。

4. 鉴定、选拔作用

教育评价的鉴定、选拔作用，是指评价者通过评价，对评价对象（包括教育管理者、教师、学生、教育机构等）进行排名、分层，评选出优劣。教育评价的鉴定、选拔作用对于教育和其他社会生活领域有着重要的影响。我国现在每年举行的高考、各级各类学校举行的毕业水平考试等，都是对我国教育系统有重要影响的教育评价制度。随着我国新一轮基础教育课程改革的推进，改进现行的考试评价制度，建立有助于学生全面而有个性的发展的新型考试评价制度，已成为一项紧迫的任务。

5. 发展作用

教育评价的发展作用受到当前世界各国评价学者的特别关注。当前我国正在推行的中小学评价改革就特别强调，评价改革的根本目的是为了更好地提高学生的综合素质和教师的教学水平，为学校实施素质教育提供保障。充分发挥评价的促进发展的作用，使评价的过程成为促进教学发展与提高的过程。很显然，评价并不是为了评价而评价，其最终目的是通过评价，促进学生的发展、教师的发展以及教育质量的提高。

（二）教育评价的类型[①]

教育评价的类型，就是以一定的标准为依据而划分出的教育评价的种类。明确教育评价的类型，有助于提升我们对教育评价的认识，更好地把握和运用评价的理论和方法，同时有利于我们根据实践情境选择和使用不同形式的教育评价，从而有效地发挥教育评价的作用。

划分的依据不同，教育评价的类型也不同。

1. 按照评价的对象分类

（1）学生评价

学生评价是指对学生个体成长发展情况的评价，既包括对学生个体学习情况的评定，也包括对学生的情感、态度、价值观及身体发育情况的评价。学生评价是教育评价的重要内容，在教育评价活动中处于核心地位。良好的学生评价，既是教育评价的基本要求，也是做好其他评价工作的基础。学生评价的根本目的是优化学校的教育教学环境，促进学生全面而有个性地发展。

（2）教师评价

教师评价是对教师作为教学专业人员的评价，属于广义上的学校人事评价的范畴，其目的在于增强教师的教学效能，促进教

[①] 沈玉顺，主编. 现代教育评价［M］. 上海：华东师范大学出版社，2002：21-24.

师的专业发展，不断提高学校的教育质量。现实中，由于教师的职责范围很难界定，教师评价的内容也十分广泛，因而对于应从哪些方面对教师进行相应的评价尚无定论。多数倾向于从教师的整体素质、教师的职责、教师的专业水平及教学绩效等几个方面来评价教师。教师评价作为学校人事评价的重要内容，对于学校教育教学质量的提高至关重要。

(3) 课程与教学评价

课程与教学评价是指对于具有特定目标的一组连贯的教育教学活动的评价，包括对课程标准的评价、对整个学校课程体系的评价、对学校课程实施情况的评价、对具体教学科目及其实施情况的评价以及对特定课堂教学活动的评价。评价课程，必然要对课程的实施情况尤其课程教学情况进行评价；评价教学，必然要以课程目标、课程标准及课程结构为依据。因此，课程评价常常与教学评价一起进行。当前我国正在推行的基础教育课程改革，强调倡导"立足过程，促进发展"的课程评价；强调建立促进学生全面发展、教师不断提高和课程不断发展的评价体系；强调建立多元主体共同参与的评价制度，重视评价的激励与改进作用。

(4) 学校评价

学校评价是以学校为评价对象，对学校的整体工作进行全面评价，评价的内容涉及学校的教学、管理、后勤等方面。通过这些方面的综合评价，可以了解学校的整体办学质量如何。

2. 按照评价参照的标准分类

评价需要有参照标准，教育评价的参照标准通常有相对标准、绝对标准和个体标准。据此，可以将教育评价划分为相对评价、绝对评价和个体内差异评价。

(1) 相对评价

相对评价是以评价对象群体的平均水平或其中某一对象的水平为参照标准，确定评价对象在群体中的相对位置或与群体中某一个体之间的差距的一种评价。具体而言，就是在一组评价对象内部进行相互比较，通过比较来确定每一评价对象在组中的相对位置。相对评价一般以团体常模作为参照标准，称做常模参照评价，如高考就是一种常模参照评价。考生能否被录取取决于其在整个考生群体中的相对位置。

相对评价的优点在于：第一，由于参照标准来自评价对象群体内，因此特别适合于以鉴别和选拔为目的的教育实践活动，应用面较广；第二，有利于评价对象认清自己与他人的差距，从而明确努力的方向；第三，有利于形成竞争机制。

因为比较标准来自评价对象群体，没有一个客观的参照标准，因此，相对评价也有自身的缺点：第一，因为这种评价是相对的，即"矮子里面挑高个"，所以评价结果未必能反映评价对象的真实水平；第二，这种评价是在评价对象团体内部相互比较而实现的，这种比较不涉及教学目标，容易导致忽视目标完成的倾向；第三，这种评价促进的竞争机制，若缺乏必要的调控，容易造成激烈的、无休止的恶性竞争，不利于评价对象根据自身的实际情况确定努力方向，从而给教学带来一定的负面影响。

（2）绝对评价

绝对评价是指在评价对象的群体之外，以某一预定的目标为参照标准，将每一个评价对象与这个参照标准进行比较而做出结论的评价，也就是指确定评价对象完成或达到既定目标的程度的评价，通常称之为目标参照评价。像高中毕业考试就属于绝对评价。

绝对评价的参照标准独立于评价对象范围之外，是相对客观的尺度，因此其优点在于：第一，如果评价准确可靠，每个评价对象都可以了解到自己的实际水平与既定目标的差距，从而明确自己进一步努力的方向；第二，为了达到既定目标而产生的竞争要比因排序选拔而引起的竞争健康、和谐得多。

但是，绝对评价的标准很难准确地确定，而科学合理地确立评价标准又是决定评价成功的关键，同时，绝对评价强调采用统一的标准，对不同的评价对象进行统一的评价，忽视了评价对象的个体差异。因此，绝对评价也有其自身的局限性，在评价中不能只采用绝对评价，更不能随意设置评价标准，以免产生误导。

（3）个体内差异评价

个体内差异评价是以评价对象群体中各对象自身的发展变化为参照点的一种评价，即把评价对象过去和现在相比较或把某一对象的不同侧面进行比较的一种评价。这种评价从评价对象的实际出发，判断其发展状况，充分尊重个体差异，不会对评价对象产生过多的压力。但由于评价本身缺乏客观标准，不易给评价对象提供明确的目标，难以发挥评价应有的作用。

由上可见，相对评价、绝对评价和个体内差异评价各有其优缺点和应用的范围，所以，在评价工作中应根据实际情况选择或结合使用，以便取长补短，从而全面发挥评价的作用。

3. 根据评价的主体分类

评价总是由不同主体来主持操作的，根据评价主体的不同，可以把教育评价划分为他人评价与自我评价或外部评价与内部评价。

（1）他人评价

他人评价，是指除评价对象自身以外的任何评价者实施的评价，相对于评价对象而言，属于外部评价，包括领导评价、专家评价、行政评价、同行评价、社会评价等。如对于各高校而言，由教育部高等教育教学评估中心组织专家对各个高校进行的本科教学工作水平评估即属于他人评价。

他人评价结果一般比较客观、真实，可以为教育决策者提供信息，为社会选拔人才和个人求学、就业提供信息等。同时，评价结果可以促使评价对象努力工作、不断进步。当然，他人评价也会出现一些矛盾，如评价主体的偏见、评价者与被评价者之间的隔阂等。因此，在进行他人评价时应注意克服评价者的偏见，协调评价者与被评价者之间的关系，充分调动被评价者的积极性。

(2) 自我评价

自我评价，也称内部评价，是评价者在组织内部对自身进行的评价。在自我评价中，评价主体与客体统一于一身。如学校对本校教育教学管理的评价，教师对自己教学科研的评价，都属于自我评价。自我评价有时是一种自发行为，其评价指标和标准一般都由自己确定。更多的时候，自我评价是为他人评价作准备，打基础，评价结果要采用他人评价制定的评价指标和标准。

自我评价有助于评价者自我认识、自我提高和自我完善；有助于提高自我评价的意识和能力。但自我评价由于缺乏外界参照标准，不易进行横向比较，主观性较强，在评价中容易出现偏高或偏低的倾向。因此，自我评价的结论一般只是作为他人评价的参考基础，不宜作为终结性评价使用。

4. 根据评价内容的复杂程度分类

评价总是有对象和内容的，由于评价内容的广泛性和复杂性，因此，可以从不同的角度对评价内容进行分类，从而形成不同类型的评价。根据评价内容的复杂程度，可将评价分为单项评价和综合评价。

(1) 单项评价

单项评价是对评价对象的某一方面或某项因素所进行的评价。如对学校教学的评价，对学生某一学科学业成绩的评价，都属于单项评价。此类评价的优点在于评价范围小，内容单一，评价省时省力，易于经常进行，能及时发挥评价的调节、反馈作用。此外，单项评价有较强的针对性，分析具体，评价深入，有利于提高评价的可靠性。其缺点是难以把握评价对象的整体情况，容易出现"头痛医头，脚痛医脚"的现象。

(2) 综合评价

综合评价是指在对评价对象进行分析的基础上，把多方面的因素和评价结果整合起来，对评价对象进行完整的、系统的、全面的评价。如目前高中新课程所倡导的实行学生学业成绩与成长记录袋相结合的综合评价方式，建立促进学生全面发展的评价体系，就是一种综合评价。另外，目前我国正在实施的本科教学工作水平评估，是以教学评估为中心，带动学校其他方面工作的综合评估，这实际上也是一种综合评价。

综合评价的优点是能够全面了解评价对象，既有利于促进和改善工作，也有利于教育行政部门的决策与管理，其缺点是操作起来较复杂，费时费力。

单项评价和综合评价的区分是相对的，在一定条件下，二者可以相互转换。如办学条件评价，在办学水平评价中是单项评价，而对于师资、校舍、经费等评价来说，又是一种综合评价。实际上，综合评价都是以单项评价为基础的，二者结合使用可以相互取长补短，相得益彰。

5. 根据评价的目的分类

从主观的角度看，任何评价都是有一定目的的。根据评价的目的不同，可以将教育评价划分为安置性评价、诊断性评价、形成性评价和总结性评价。

(1) 安置性评价（placement evaluation）

安置性评价，是指在特定的教育教学活动开始之前，为了解评价对象的基础、条件等背景资料，使教育教学活动能更好地开展而进行的预测性评价。如学校在开学初经常进行的摸底考试实际上就是一种安置性评价。安置性评价要解决的问题如：学生是否已掌握了学习预定的教学内容所需的知识与技能，如学习代数的学生是否掌握了基本的计算技能；有多少学生在多大程度上已经达到了预期的教学目标，这决定了以后教学内容如何安排；学生的学习兴趣、学习习惯以及个性特征如何，这决定了班级安排及教学模式的选择等。

(2) 形成性评价（formative evaluation）

形成性评价，是指在教育教学活动过程中对活动过程和效果进行的评价。这种评价通常是在活动过程中或事物发展过程中进行的，因此也称"即时评价"或"过程评价"。其主要目的是了解目标实现的情况，以便及时调整教育教学活动，保证教育目标的实现。如在教学过程中，当学习完一个单元后，为了解学生对该单元知识的掌握程度和教师教学中存在的问题，要通过编制测验等途径及时进行评价，提供学生学习成功或失败的反馈信息，以便改进教学中的不足之处。

形成性评价最重要的价值在于，当学生学习每个学习单元时能及时得到帮助，为学生的学习确定恰当的步调；对于那些已经达到或接近达到某一学习单元要求的学生，可以起到有效的激励或强化作用，并且为教师改进教学提供良好的反馈信息。很显然，它特别注重强化学生学习的成功之处，显示学生学习过程中需要改进的具体的学习错误等。

(3) 诊断性评价 (diagnostic evaluation)

诊断性评价，是指对学生长期存在的和周期性出现的学习困难进行诊断分析、寻找其原因的评价活动。如果把形成性评价看做是对学生学习困难的初诊的话，而诊断性评价则是复诊，即寻找出现困难的原因并进行全面而详细的处理。诊断性评价的目的在于对学生学习过程中屡犯错误的深层原因进行调查分析，并提出补救措施。为此，它需要一些精心准备的诊断性测验及专门化的访谈技巧等。

(4) 总结性评价 (summative evaluation)

总结性评价，是指在某项活动结束后为判断其效果而进行的评价。它一般是在一个阶段的工作结束后或某项活动完成后进行，所以也称"事后评价"或"终结性评价"。如学校在学期末进行的期末考试，班主任在学年末给学生写的操行评语，都属于总结性评价。总结性评价的实质就是对活动的最终结果即评价对象最终达到目标的程度做出鉴定性的判断，以便对该活动做出总结性的结论，甄别优劣、鉴定分等，为各级决策人员提供决策信息等。

总结性评价最突出的特点是关注教育活动的结果而非教育活动的过程，操作起来简便易行，也较为客观，因而受到普遍的重视。但它仅具有事后检验的性质，对评价对象本身的改进与完善无能为力；而且只看最终结果，对结果是如何形成的不得而知，也无法体现某些不可比的因素，容易出现虚假现象。同时，由于评价的客观标准是预先设定的目标，如果目标设定不够科学或难以检测，就会影响总结性评价的可靠性。

另外,根据评价的方法,可以将教育评价分为定性评价和定量评价。定性评价是指在评价过程中不直接采用数量分析手段,而是采用观察和质性分析的方法,对评价对象做出定性判定的评价。它是评价者根据自己的经验对评价对象进行观察,然后进行分析评定,以说明评价对象的性质和程度。定量评价是对评价对象进行数量化的分析和计算,从而判断它的价值。

三、我国教育评价的发展现状与未来趋势

（一）我国教育评价的发展现状

我国具有真正意义上的教育评价活动开始于改革开放以后。改革开放 30 年来,我国教育评价工作取得了一定的成绩,主要体现在以下几个方面:[①]

第一,初步明确了教育评价在教育活动中的地位与作用。教育评价作为教育活动不可缺少的重要组成部分,对于明确学校的办学方向、检验教育效果、提高管理水平及教育质量均有重要作用。第二,对国外教育评价理论与实践工作有了较为深入的了解,并翻译了大量国外有关教育评价方面的文献。第三,逐步建立起了我国的教育评价理论体系。第四,形成了具有中国特色的教育评价模式,开展了各种类型的教育评价活动,如学生评价、教师评价、课程评价、教学评价、德育评价、教学工作水平评价等。第五,初步形成了我国教育评价制度的基本框架,该制度的作用逐渐增强,已成为教育政策制定和学校管理的有效手段;同时,成立了专门的教育评价研究机构和学术刊物,并拥有一批从

---

① 吴刚. 我国教育评价发展的回顾与展望 [J]. 教育研究, 2000 (8).

事教育评价研究与实践工作的专职队伍。

虽然我国的教育评价活动取得了上述诸多成就,但在实际当中,尤其在基础教育领域,教育评价工作还存在很多亟待解决的问题,这些问题主要表现在:[①]

第一,评价目的单一:过分强调评价的甄别和选拔目的,忽视评价的改进与激励目的。

评价目的单一是指我们现行的教育评价过分强调总结性评价,即过于关注结果,过分强调评价的甄别与选拔目的,忽视评价对象在各个时期的进步状况和努力程度,没有形成真正意义上的形成性评价,不能很好地发挥评价促进学生发展、教师提高和改进教学实践的功能。这样,评价就是为了甄别,是一种"选择适合教育的儿童"的评价,是以"选拔"为目的。

第二,评价标准单一:评价内容过于倚重学科知识,忽视实践能力、创新精神等综合素质的考查。

由于现行的教育评价把评价的主要目的定位在甄别与选拔上,因此与之相应的教育评价内容主要是体现对学科知识(特别是课本知识)掌握程度的学业成绩,而忽视了实践能力、创新精神、心理素质以及情感、态度和价值观等综合素质的考查。这种单一的评价标准(指评价标准过多地依据学业成绩,而忽视其他如素质标准、职责标准等)不仅影响评价对象的全面发展,也忽略了个体差异和个性化发展的价值。

第三,评价方法单一:仍以传统的纸笔考试为主,过于注重量化的结果,而很少采用体现现代教育评价思想的质性评价

---

① 徐勇,等,编. 新课程的评价改革 [M]. 北京:首都师范大学出版社,2001:2-8.

方法。

现行的教育评价,无论是对学生的考查、还是对教师的考核,仍然把考试及其分数作为主要的甚至唯一的评价手段,过分看重分数,注重等级,注重量化的结果。在考试这一唯一的评价手段中,强调相对评价,忽视绝对评价和个体内差异评价等。此外,过于注重分数这种量化评价,忽视运用能够体现评价对象成长历程、发展过程的质性评价方法,如表现性评价、成长记录袋评价等。也就是说,现在的教育评价方法过于单一,未能根据评价的目的、类型及评价对象的不同而选择相应的评价方法,评价方法的多元化格局尚未形成。

第四,教育评价主体"错位":评价对象处于被动地位。

教育评价主体"错位",是指在开展教育评价活动时,评价对象仍多处于消极的被评价地位,忽视其作用,没有形成管理者、教师、学生及家长等多主体共同参与的评价模式。如在现行多数学校开展的学生评价中,学生一直处于被动地位,学校、教师按照预定的标准评价学生,学生的主观能动性难以发挥,这势必影响学生全面而有个性地发展。

上述这些问题与当前世界各国教育评价发展的特点不相符,也与我国此次基础教育课程改革所要求的教育评价改革存在差距。因此,有必要开展新课程理念指导下的教育评价改革,为推动本次基础教育课程改革提供坚实的基础和强有力的保障。

(二)我国教育评价发展的未来趋势

"创造适合儿童的教育",发展有利于学生全面而有个性地发展的教育,是当前我国教育改革和发展的主旋律。因此,建立符合素质教育要求的教育评价模式成为必然的趋势。《基础教育课程改革纲要(试行)》(以下简称《纲要》)和《教育部关于积极推进中小学评价与考试制度改革的通知》(以下简称《通知》),指出了我国教育评价发展的未来趋势。

第一,在价值取向和根本目的上,淡化甄别与选拔,倡导发展性的评价目的。

发展性教育评价思想是20世纪80年代后期发展起来的一种关于教育评价的理念。它强调不仅要关注评价对象的现实表现,如学生对所学知识、技能的掌握情况,更应关注评价对象的未来发展,目的在于使评价对象"增值"。这一点在《纲要》中有明确表述:课程改革的具体目标之一是"改变课程评价过分强调甄别与选拔的功能,发挥评价促进学生发展、教师提高和改进教学实践的功能"。因此,当前我国教育评价应充分发挥评价促进发展的功能,使评价的过程成为促进评价对象成长与发展的过程。就学生而言,评价不再是为了甄别与选拔,不再是"选拔适合教育的儿童",而是发挥评价的改进与激励作用,关注学生的成长与发展,使评价为学生的发展服务;就教师而言,评价不再只是关注教师的工作业绩如何以及强调检查、评优等功能,而在于通过评价促进教师的发展。总之,评价的根本目的是为了促进评价对象的发展,这一点已在世界各国得到普遍认可。

第二,在评价内容上,注重综合评价,关注个体差异,实现评价指标的多元化。

事物发展的多样性决定了对学生、教师及学校评价内容的多样性。学业成就曾经是考查学生发展、教师业绩和学校办学水平的重要指标。但随着社会的发展,学业成就作为单一的评价指标的局限性凸现出来。在关注学业成就的同时,人们开始重视个体发展的其他方面,如学生创新能力、实践能力的培养及正确的人生观、价值观的形成。也就是说,在评价内容上,开始注重对学生、教师以及学校的综合评价。从重视对学生学业成绩的考查,到对学生的学习过程、学习态度、分析与解决问题的能力、创新精神、情感及价值观等进行全面的考查和综合评价;从重视教师的业务水平、工作业绩,到对教师的职业道德、整体素质的综合考评。在评价指标上,既注意对学生、教师和学校的统一要求,也要关注个体差异及对发展的不同需求,倡导多元化的评价指标,为个体发展提供一定的空间,以适应社会对人才多样化的需求。

第三,在评价方法上,强调定性与定量相结合,注重质性评价,实现评价方法的多样化。

量化评价曾因其简明、精确、客观的特点而一度成为世界范围内比较盛行的一种评价手段。然而,对于教育而言,量化评价把复杂的教育现象加以简化或只评价简单的教育现象,它不仅无法从根本上保证评价的客观性,也会失去教育中最有意义、最本质的内容。随着评价内容的综合化,加之评价对象在身心等各个方面都存在个体差异,评价方法也需要多种多样。20世纪80年代出现的质性评价方法,以其全面、深入、真实地再现评价对象的特点和发展趋势而受到欢迎,成为近30年来世界各国课程改革倡导的评价方法。我国正在推行的基础教育改革及其评价,也应倡导这种质性的方法,如表现性评价、成长记录袋评价等。从本质上讲,质性评价方法并不排除量化评价,它往往与量化评价结合使用。前文讲到,不同的评价类型或方法各有利弊,因此,在教育评价活动当中,根据评价的目的、评价对象的特点等,将定性与定量评价结合起来,应用多种评价方法,将有利于更清晰、更准确地描述评价对象的发展状况。

第四,在评价主体上,突出评价对象的主体地位,强调参与互动、自评与他评相结合,实现评价主体的多元化。

目前世界各国的教育评价逐步成为由管理者、教师、学生、家长等共同参与的过程，这也是教育过程逐步民主化、人性化的体现。我国的教育评价活动也应符合世界教育评价的这种发展趋势，《纲要》曾指出，要"建立校长、教师、学生、家长共同参与的评价制度"，突出评价对象的主体地位，强调评价对象的参与意识。实际上，教育评价应是一种双向评价，校长可以评价教师，教师也可以评价校长，每个人既是评价的客体也是评价的主体。这样，传统的被评价者成为了评价主体中的一员，原有的主客体之间的不平等关系消失了，评价变成了一种主动参与、自我反思、自我发展的过程。同时，评价者与被评价者相互沟通、协商，增强了民主气氛，也增进了双方的了解，易于形成一种和谐的评价关系，这对于评价工作本身的开展以及双方工作、学习的进步，学校教育教学质量的提高等，都大有裨益。

第二节 学生评价

一、学生评价概述

学生评价是指评价者依据一定的评价标准，对学生个体学习的进展和变化及其影响因素进行分析和价值判断，以期达到教育价值增值的过程。学生评价是教育评价领域中最基本的一个领域，在教育评价活动中处于核心地位，因此，它是教育工作者最关心的一项工作。从教育评价的发展历程来看，现代教育评价的诞生，是从对学生评价的认识和研究开始的，教育评价的发展无不与学生评价的发展紧密相连。无论是教育教学活动，还是对教育教学活动的管理，都要服务于学生的成长与发展这一根本目的，即一切为了学生，为了学生的一切。因此，如何科学、准确、合理地评价学生，不仅是教育评价面对的首要问题，也是其必须回答的问题。

(一) 学生评价的内容与标准、类型与方法

1. 学生评价的内容与标准

学生评价的内容一般包括对学生学业成绩的评定，学生思想品德、个性的评价等方面。当前我国正在进行的新一轮基础教育课程改革，对学生评价的标准与内容重新进行了界定。新课程评价关注学生的全面发展，不仅关注学生的基本知识与基本技能的掌握情况，更关注学生学习的过程、方法，以及情感、态度、价值观等方面的发展变化情况。因为只有如此，才能培养出适应社会发展需要的身心健康、综合素质高、具有一定的创新精神和实践能力的人才。为此，《通知》指出，学生评价的内容包括基础性发展目标和学科学习目标两个方面，具体内容如下：

(1) 基础性发展目标

道德品质：爱祖国、爱人民、爱劳动、爱科学、爱社会主义，遵纪守法、诚实守信、维护公德、关心集体、保护环境。

公民素养：自信、自尊、自强、自律、勤奋，对个人的行为负责，积极参加公益活动，具有社会责任感。

学习能力：有学习的愿望与兴趣，能运用各种学习方式来提高学习水平，有对自己的学习过程和学习结果进行反思的习惯；能够结合所学不同学科的知识，运用已有的经验和技能，独立分析并解决问题；具有初步的研究与创新能力。

交流与合作能力：能与他人一起确立目标并努力去实现目标，尊重并理解他人的观点与处境，能评价和约束自己的行为；能综合地运用各种交流和沟通的方法进行合作。

运动与健康：热爱体育运动，养成体育锻炼的习惯，具备锻炼健身的能力、一定的运动技能和强健的体魄，形成健康的生活方式。

审美与表现：能感受并欣赏生活、自然、艺术和科学中的美，具有健康的审美情趣；积极参加艺术活动，用多种方式进行艺术表现。

(2) 学科学习目标

学科学习目标以各课程标准为依据。各学科课程标准已经列出本学科学习的目标和各个学段学生应该达到的目标，并对评价方式提出了建议。

需要指出的是，在实际的教育教学过程中，学科学习目标和基础性发展目标很难截然分开进行，也没有相应的课程来培养和促进基础性发展目标的发展。通常情况下，这些目标蕴涵在学科学习之中，与学科学习能力一起培养，而且也常常结合在一起进行评价。此外，评价标准应用清楚、简明、可测量的目标术语加以表述，如表4.1。

表4.1 《人与自然》单元结束后的评价报告单

评价的内容	学生自我评价	教师的评价
通过到教室外面欣赏自然风景，你对自然的感受有什么变化吗	有了变化，感觉很亲切	从你的发言和档案夹中的作品看，你确实有了进步
你与同学运用多种艺术形式和多种材料表现"风"，传达出你对风的感受了吗	我尽力去做了	看得出来，你在努力掌握各种艺术表现方式，注意它们之间的连接，作品恰当地表现了你的感受，请继续努力

《印象·日出》这个作品，哪一点最打动你	模模糊糊看不清的感觉，艺术家强调了光和色彩	你的感觉很好
平时你经常能够见到山水画，你每次见到都认真看吗	总是不注意	山水画很值得欣赏和学习，它会教会你亲近自然
通过临摹莫奈的《干草堆》，你觉得油画棒这种材料与彩色水笔的最大区别在哪里	使用油画棒作画时，可以有轻有重，适合表现光的色彩。水笔适合平涂颜色	很有见地
你与同学合作，感觉愉快吗	我注意了合作，尽量和同学商量	你能与同学配合
我们是中国人，有必要欣赏外国的风景画吗	很有必要	很好，只有比较才有进步
欣赏《印象·日出》时，你很用心吗	我专心致志	你学习很用心
你能否较好地运用本单元所学的艺术知识技能	我还没有很好掌握	经过努力，你会学会的

(引自《艺术课程标准》)

2. 学生评价的类型与方法

(1) 学生评价的类型

学生评价的类型与其他教育现象的分类一样，可以根据不同的分类标准进行不同的分类。教育实践中主要依据学生评价在教育教学活动中发挥的作用，将学生评价分为以下四种类型：

①定位性评价

又称安置性评价、预备性评价，主要是在特定的教学活动之前，了解学生对教学的前期准备情况。

②形成性评价

即在教学过程中，检查学生学习的进步情况。这种评价一般是在教学过程中以单元测验等形式进行，可以为教师和学生提供有关教学情况的反馈信息。利用这些信息，教师不断纠正出现的失误，改进教学方法。形成性评价是现代教学中有效提高教学效果的评价方式。

③诊断性评价

是利用诊断性测验、观察法、访谈法等寻找产生问题的原因，并提出补救措施。该评价主要是针对那些用形成性评价未能解决的学习困难问题，特别是那些长期存在的和周期性出现的学习困难问题。现在，对于学生心理健康问题的关注使得学校教育中也开始使用心理健康测量表来对学生的心理问题进行诊断。

④总结性评价

这种评价是学校教育评价中最为传统和常用的一种评价方式，就是在教学告一段落后，用以了解教学目标的实现程度，评定学生个体的发展水平，同时也可以判断教学策略是否有效及教学目标是否合适等。这四种评价在教学过程中的相互关系见图4.1。

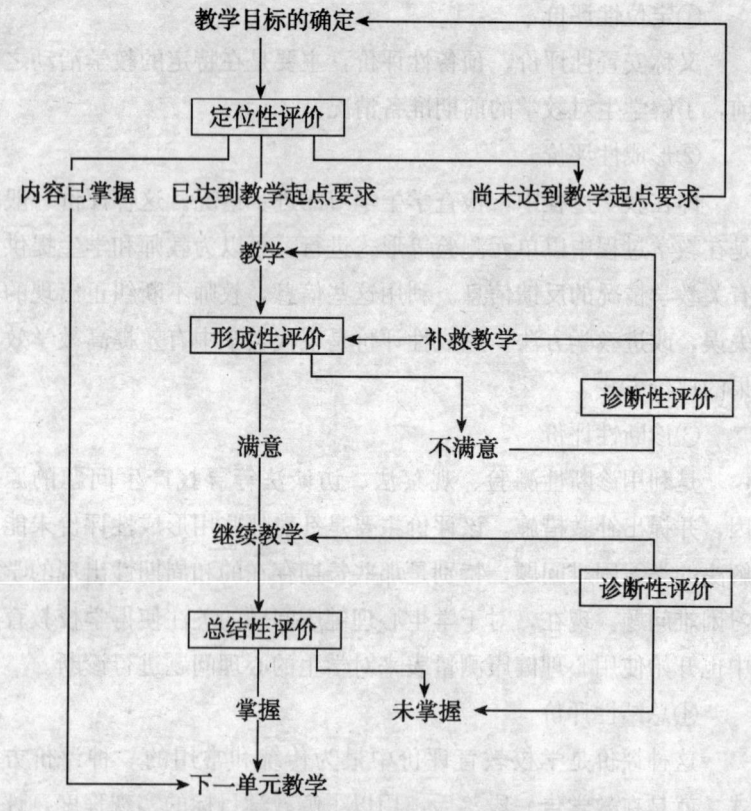

图 4.1 四种评价在教学过程中的相互关系[1]

（2）学生评价的方法

考试或测验是学生评价常用的方法，然而，学生的评价不仅仅是考试或测验，还包括多种方式方法。《通知》指出："教师要在教育教学的全过程中采用多样的、开放式的评价方法（如行为观察、情境测验、学生成长记录等）了解每个学生的优点、潜

---

[1] 陈玉琨. 教育评价学 [M]. 北京：人民教育出版社，1999：58.

能、不足以及发展的需要。"《普通高中课程方案（实验）》强调："实行学生学业成绩与成长记录相结合的综合评价方式。学校应根据目标多元、方式多样、注重过程的评价原则，综合运用观察、交流、测验、实际操作、作品展示、自评与互评等多种方式，为学生建立综合、动态的成长记录手册，全面反映学生的成长历程。"

鉴于此，根据评价目的和内容的需要，创建多元化的评价方法就成为学生评价中亟待解决的问题。学生评价的方法有定量和定性两大类。定量主要是指采用数量分析手段（如考试或测验的分数）对学生进行评价；定性是指采用观察和质性分析的方法，对学生做出定性判定的评价。行为观察、情境测验、学习日记、成长记录、轶事记录等都是质性评价方法。

此次基础教育课程改革，强调建立以促进学生发展为目标的评价体系，打破将考试作为主要甚至唯一的评价手段的局面，要求重视和采用开放式的质性评价方法，如注重学生学习过程的表现性评价、注重学生全面发展的综合素质评价等。

尽管如此，考试仍然是有效的学生评价方式，应注意根据考试的目的、性质、内容和对象，选择相应的考试方法，如辩论、答辩、表演、产品制作、论文撰写等灵活多样、开放动态的测评方式，充分利用考试促进每个学生的进步。

此外，在学生评价过程中，需要注意将形成性评价和总结性评价有机地结合起来，将定性与定量的方法相结合；考试或测验与其他评价方法相结合。只有这样，关注过程的形成性评价方法和质性评价方法才能落到实处，也才能对学生进行准确、全面而客观的评价。

（二）当前学生评价存在的问题

在我国，长期以来形成的传统学生评价制度，过于强调评价的甄别与选拔功能，忽视改进与激励的功能；注重学习成绩而忽视学生其他方面的发展及个体差异；关注学习结果而忽视学生成长发展的过程；评价方法单一，某种程度上考试分数成了评价学生的唯一手段。此外，学校和教育机构把学生评价局限于为学校的管理服务，成为学校控制教师、教师管理学生的主要手段，分数成了一个管理工具而非有效地促进教学和学生发展的一种动力。这种评价功能上的重心偏移，严重影响了学生评价积极作用的发挥，也产生了一系列负面影响。

针对这些问题，自20世纪80年代中期以来，我国基础教育在教育评价方面进行了一系列的改革和尝试。如关注学生发展的过程，提出形成性评价；关注学生综合素质的发展，提出综合学力考查、质量综合评定等；并尝试进行了小学考试取消百分数、实行等级制的探索，部分地区还试行分项、分类考试，加入口试、面试等改革措施。这些探索和尝试取得了一些有价值的成果，对于促进我国基础教育评价的发展起到了积极的作用。但是，这些探索大多是浅层的、微观的和零散的尝试，没有根本解决我国基础教育评价中存在的主要问题。[1] 目前，我国基础教育领域学生评价制度存在的主要问题具体表现在以下几个方面：

第一，在评价目的上，强调"选择适合教育的学生"，即将"选拔适合高一级学校学习的学生"作为评价活动的最高宗旨，强调评价的甄别和选拔功能。

---

[1] 朱慕菊，主编. 走进新课程——与课程实施者对话 [M]. 北京：北京师范大学出版社，2002：145.

这种评价只关注对学生学习结果的评价，而忽视对学生学习过程的评价。这使得学生也只学习那些有利于进入高一级学校继续学习的内容，而被迫放弃自己的兴趣爱好；学校则按照升学考试科目及其内容组织教学，不重视非考试科目；教育行政部门衡量学校办学水平的标准是升学率；社会对人才评价的标准则是各种各样的学历证书。这种评价目的观，其重心在于选拔和培养精英，忽视了绝大部分学生的成长发展问题。这实际上偏离了评价是为学生的发展服务的根本目的，不利于学生全面而有个性地发展，无法适应社会对人才的多样化需求。

第二，在评价内容上，注重学科知识，忽视对学生综合素质的考查。

长期以来，学生评价的内容过于注重学科知识，尤其是书本知识，忽视了对学生实践能力、创新精神、人文科学素养以及情感、态度、价值观等综合素质的评价。同时，评价过多地强调共性，忽视个体差异和个性化发展的价值追求。这样的评价内容已经无法适应学生个体成长与发展的多元需求以及社会对人才的多样化需求。

第三，在评价方法上，将传统的纸笔考试作为学生评价的主要甚至唯一手段，而忽视了综合运用其他方法对学生进行全面评价。

考试是自古以来对学生进行评价的主要形式。一般认为，考试的结果可以清楚、明了、客观地反映学生的学习情况与教师的教学情况，学校也可以通过这一结果对学生和教师采取相应的管理措施等。因此，在传统的学生评价制度中，考试具有至高无上的地位，成了对学生进行评价的唯一手段，而忽视了采用其他方式方法对学生进行全面的评价。这种评价模式，导致的一个结果就是对考试分数的过分追求,出现了"分分必争"、"分分分,学生的命根"这些不正常的教育现象;教师与学生为追求结果而不顾学习过程,这既不利于学生身心素质的全面发展,对教师教学活动的改进与提高也会产生消极影响。

随着评价内容的综合化,仅仅采用考试这种单一的量化方式评价学生的状况必须进行调整,考试应该与那些体现新的评价思想的质性评价方法如表现性评价等结合起来,共同完成对学生客观而全面的评价。

第四,在评价主体上,主要以他评为主,忽视自我评价的积极作用。

传统的学生评价的主体主要是以他评为主,忽视学生的自我评价。在这种被动接受评价的过程中,评价者与被评价者是一种管理者与被管理者的关系,学生往往处于被动、消极的状态,不是应付、对立、讨厌,就是拒绝、害怕、逃避,甚至出现弄虚作假的行为,学生的自尊心、自信心不但得不到保护,还会意志消沉,失去学习、生活的勇气。这样一来,学生评价不仅没有产生有效的教育效应,还会带来很多负面影响。

(三)新课程背景下学生评价的改革重点

针对学生评价存在的上述诸多问题,此次我国基础教育课程改革指出,学生评价应进行相应的改革,从而为课程改革的顺利进行提供坚实的基础和保障。为此,《通知》提出评价改革的原则是,评价的根本目的是为了更好地提高学生的综合素质,为学校实施素质教育提供保障;充分发挥评价的促进发展的功能,使评价的过程成为促进教学发展的过程。具体要求为:"对学生评价的内容要多元,既要重视学生的学习成绩,也要重视学生的思想品德以及多方面潜能的发展,注重学生的创新能力和实践能力；评价标准既应注意对学生的统一要求，也要关注个体差异以及对发展的不同需求，为学生有个性、有特色的发展提供一定的空间；评价方法要多样，除考试或测验外，还要研究制定便于评价者普遍使用的科学、简便易行的评价办法，探索有利于引导学生进行积极的自评与他评的评价方法；对学生的评价不仅要注重结果，更要注重发展和变化过程。要把形成性评价与终结性评价结合起来，使发展变化的过程成为评价的组成部分。"

实际上，该《通知》已经非常明确地指出了新课程背景下学生评价改革的基本方向。我们认为，结合我国的实际情况及此次新课程改革的指导思想，当前学生评价的改革重点如下：

第一，淡化原有的甄别与选拔功能，强调评价的目的在于促进学生的发展，即评价的根本宗旨是"创造适合学生发展的教育"，关注学生发展中的需要，突出评价的激励与调控功能，激发学生的内在发展动力，促进其不断进步，实现自身价值的增值。

第二，建立促进学生全面发展的指标体系。不仅要关注学生的学业成绩，也要发现和发展学生多方面的潜能。评价指标体系包括学生的学科学习目标和一般性发展目标，如学生在道德品质、学习能力、交流与合作、创新精神和实践能力以及情感、态度、价值观等诸多方面的发展。当然，一般性发展目标是融合在学科学习目标中实现的。同时，不仅要关注学生过去和现在的表现，更要重视学生未来的发展，从而为其终身发展奠定基础；不仅要关注学生的学习结果，更要关注学生的学习过程及成长发展的过程。只有这样，才能对学生进行综合的、全面的评价，同时也要照顾到学生个体间的差异，促进学生全面而有个性地发展。

第三，重视采用灵活多样、具有开放性的质性评价方法，而不仅仅依靠纸笔考试作为收集学生发展证据的唯一评价手段。即通过运用评定量表法、轶事记录法、成长记录袋法等这些质性评价方法，关注过程性评价，及时发现学生发展中的问题和需要，帮助学生克服困难、认识自我、建立自信，激发其内在发展的动力，从而促使学生在原有水平上取得进步，实现自身价值。只有综合运用这些方法，才能全面、客观、公正地评价学生的发展，也才能更清晰、更准确地描述学生的现状与进步情况。

第四，考试只是学生评价的一种方式，要将考试与其他评价方法如各种质性评价方法有机结合起来，全面描述学生发展的状况。同时，要改变纸笔测验是考试的唯一手段的状况，要根据考试的性质、目的和对象等，选择灵活多样的考试方式，如口试、辩论、论文撰写等，加强对学生各种能力和素质的考查，使考试从知识立意逐渐走向能力、素质立意；改变过分看重分数、简单地以考试结果评价学生的做法，对考试结果进行详细的分析、说明，形成激励性的意见或建议，促进学生的发展。[1]

第五，倡导学生参与评价活动，发挥其在评价中的积极作用，鼓励自评和他评相结合。学生主动参与评价活动一般有两种方式：一种是在他人评价中主动参与，积极配合教师的评价，有意识地从评价中采纳对自身发展有用的信息，以便有针对性地改进；另一种是自我评价中的自我调整。通过自我评价，正确认识自己在学习和其他方面的进步情况及存在的问题，并及时进行调整，促进自身不断完善和提高。

---

[1] 朱慕菊，主编. 走进新课程——与课程实施者对话 [M]. 北京：北京师范大学出版社，2002：146.

二、建立以促进学生发展为目标的评价体系

《基础教育课程改革纲要（试行）》指出："建立促进学生全面发展的评价体系。评价不仅要关注学生的学业成绩，而且要发现和发展学生多方面的潜能，了解学生发展中的需求，帮助学生认识自我、建立自信。发挥评价的教育功能，促进学生在原有水平上的发展。"新一轮基础教育课程改革根据当前社会发展和学生个体发展的需要，确立了新的评价观和评价标准，必然引起原有的学生评价的一系列变革。因此，反思过去学生评价中存在的问题，建立促进学生发展的评价体系就成为当前学生评价改革中的重要课题。

促进学生发展的评价体系主要有日常教育教学中的非正式评价、教育教学过程中的表现性评价、校内学业考试和毕业考试（也包括升学考试）。

（一）日常教育教学中的非正式评价：以交往性为基础，突显教育性

日常教育教学中的非正式评价，本质上说是一种教育行为，只是这种行为具有价值判断和价值引领的成分，因此称其为评价。但这种评价很多时候并不是按照科学的标准和程序来进行的，往往是以隐性方式渗透在课堂教学和师生交往的各种活动之中，所以称为教育教学中的非正式评价。从某种意义上说，非正式评价对于学生的学习和发展起着更为重要的作用。

1. 非正式评价的基本要求

日常教育教学中的非正式评价贯穿于教学过程的始终，为了使其能对学生的身心发展起到积极的作用，教师在日常教学过程

中实施非正式评价时,应注意以下几点:[1]

第一,对学生要有爱心,了解他们的处境,对有困难或问题的学生及时给予帮助、指导。

第二,应体现人的尊严,作为平等的个体,学生有自己的人格和尊严,对此应给予最大的尊重。

第三,应体现出对人的价值的重视。作为独立个体,学生有自己的价值取向和价值追求,对此应给予保护。

第四,应充分调动学生的自我意识和主观能动性,体现人的主体精神。

2. 非正式评价的主要方法

严格来说,正式评价和非正式评价所使用的方法并没有本质上的区别,二者只是在评价的目的性、评价标准的制定及实施程序的科学性、严谨程度方面有所不同。一般而言,教师平时自行编制的测验(如单元小测验、模块结束后的总结性评价、模拟考试)和标准化考试,都是正式评价,而观察、访谈、作业、练习、收集资料、讨论等方式方法可以说是非正式评价。[2]

下面是在英语学习中运用形成性评价的各种评价手段,这对于我们在日常教学当中采用非正式评价有一定的启发作用。从中可以看到,非正式评价的实施途径其实是多种多样的。[3]

---

[1] 余文森,主编. 新课程背景下的公共教育学教程 [M]. 北京:高等教育出版社,2004:301.

[2] 教育部基础教育司、教育部师范教育司组织编写. 新课程与学生评价改革 [M]. 北京:高等教育出版社,2004:95.

[3] 节选自《对现行外语教学评价体制的反思——兼论形成性评价在外语教学中的重要性》,罗少茜、高越、李志刚执笔,北京师范大学外语系课题组. http://www.pep.com.cn:82/200406/ca485071.htm.

(1) 教师观察（Teacher observation）

观察是评价学生学习行为的基本方式。教师可以观察学生日常学习的诸多方面，比如，观察学生在课堂上如何做出反应，如何使用教材，在小组活动中如何与其他同学相互交流与合作，如何有效地展示自己对所学内容的理解。通过观察，教师可以了解学生学会了什么，哪些学习策略对学生有帮助，学生喜欢哪些活动和材料等。观察记录可以采用日常记录和评价表的方式。

①日常记录（Anecdotal records）

日常记录是教师对学生日常语言、行为和学习活动所做的记录。记录内容应包括学生姓名、教师姓名、观察日期以及涉及学生活动和进步的纪实性描述。

②评价表（Checklist）

评价表用来记录学生是否掌握了某一具体知识、技巧、过程、能力和态度。例如，口头表达评价表应包括以下一些标准：口头表达时的身体表现，如姿态、面部表情、是否用眼神交流等；声音表现，如声调变化、声音是否清晰等；语言表现，如用词是否准确、意义表达是否完整等。

(2) 访谈/座谈（Interview/Conferences）

教师与学生间的访谈或座谈有利于评价学生的个人学习情况和需求。在与学生的交谈中，教师可以发现学生对自己学习情况的感觉和看法。交谈的问题可以根据学生个人的需要和教学要求来定。

(3) 自我/相互评价表（Self/Peer evaluation questionnaire）

自我/相互评价在形成性评价中占有很重的地位。它不仅能培养学生正确评价自我的能力，而且有助于保护学生的自尊心和提高其信心。自我/相互评价可以与学生日常的学习动力紧密结合起来，教师应当指导学生有效地用自我/相互评价表。

(4) 读书笔记 (Reading journals)

为了鼓励学生大量阅读，教师可以要求学生写读书笔记或让他们谈读后感。这样，学生不只是为读书而读书，而是通过读书学会思考问题，进而表达自己的思想和感情。

(5) 多媒体 (Multimedia)

为了鼓励学生积极主动地学习，教师还可以利用多媒体使学生所学的知识生活化。比如，教师可以让学生随着配乐唱所学的英文歌；根据所给的图画来编故事；通过电脑和网络进行交流等。在多媒体教学与评价中，教师的角色会发生变化。他们更多的是指导学生运用多媒体，而评价的项目大多数是客观的。

(6) 项目和演示 (Projects and presentation)

教师可以鼓励学生完成一些学习项目，比如，两个星期做一次采访报告或两个月做一项保护环境的规划等。在完成项目的过程中，教师应鼓励学生进行创造性思维。项目完成后，教师可以让学生做相关的书面报告和课堂演示。评价标准可由教师和学生一起制定。

非正式评价发生在课堂教学和师生交往的各种活动之中。它虽然不像正式评价那样严谨、科学，不一定严格遵守评价活动的基本程序和要求，但它对学生的学习与发展仍具有重要的意义。教师要在评价改革新理念的指导下，有意识地实施发展性的非正式评价，为促进学生全面而有个性地发展服务。

3. 新课程实施过程中的评价改革与存在的问题

新课程关注学生的成长发展过程，将评价贯穿于日常的教育教学活动中，使评价实施日常化、过程化、教育化；新课程关注学生全面而有个性的发展，对个性发展有意义的东西都成为评价关注的对象。

然而，新课程所倡导的新的学生评价观在实施当中也遇到了很多问题：真实性被淡化，人文性被神化，过多的表演，无原则的奖励；评价被泛化，没有与学生特定领域的学习和发展结合起来，使评价活动失去了其所依托的载体；评价面面俱到，增加了教师和学生的负担，使评价反而成为阻碍学生发展的绊脚石。下面这一例子可以引发我们思考：在日常的教学当中如何使用非正式评价、如何把握评价的合适尺度，才能很好地促进学生的成长发展。

"老师经常表扬我，我怕谁！"[①]

学生阳阳（化名），现为六年级学生，原来是所谓的后进生，上课不专心，常捣乱，作业也经常不完成，下课后与同学之间摩擦很多，老师见了个个头痛，同学对他敬而远之。他上五年级时，我是他的老师，就想：应多给他鼓励，让他建立自信。所以在一年多的时间里，常常对他表扬有加，尤其是在他有进步时（哪怕这点进步在别人看来是微不足道的）。一段时间下来，效果果然明显，他对自己的行为已能有所控制，自信心也大大增强。正当我为自己的成功教育而欣喜之时，接连发生的两件事情却让我陷入沉思：一是有同学向我报告，阳阳又犯错误了，和很多劝他的同学吵上了，还说："邱老师经常表扬我的，所以这次他也不会怎么说我，我才不怕你们呢！"二是在一堂课上他屡次破坏课堂纪律，经多次"激励式"的引导无效后，我进行了批评，谁知他竟离开教室扬长而去……

---

① 邱永年．评价热的冷思考[J]．人民教育，2003（20）．

反思：学生处于成长期，在学习、生活过程中出现这样那样的问题是正常的，教师应多激励、少指责。传统的评价在这方面确实存在诸多不足，我们在工作中应引以为戒。但教师过度的激励性评价会造成学生自我感觉太好，低估学习、工作的困难，使激励性评价在学生心中贬值。有的学生经不起批评和挫折，稍不如意就情绪低落。所以我们认为，在开展激励性评价时，也不能忽视指正性、否定性评价的作用。如果一味地、毫无原则地对学生进行"赏识"、"激励"，而忽视给学生适度的挫折、指正，那这种评价是不负责任的，是不完整的。马卡连柯曾说："要尽可能地尊重一个人，也要尽量多地提出坚定、明确和公开的要求。"新世纪的学生需要教师不断给予成功的激励，同时也不能忽视培养其面临挫折时的坚毅和战胜困难的勇气。当然，指正性、否定性评价要以尊重学生人格、不伤害其自信心为前提，谨慎而巧妙地使用。教师在对学生进行指正性评价时事先最好能给学生心理准备，批评时也要讲究艺术，事后还要谈心。这样，即使当时学生不理解，一段时间后学生也会体会到老师的良苦用心。如上述现象发生后，我控制了自己的情绪，进行了冷静思考，认为对阳阳这样的学生多进行激励性评价应该是正确的，但也要分场合、有层次，该批评时也要真诚地提出。事后我找他进行谈心："阳阳，老师经常表扬你是喜欢你、尊重你，但你也要学会尊重老师和同学。只有会尊重别人的人才会真正得到别人长期的尊重和喜欢……"最后他点头到："老师，我懂了。今后还要请你经常表扬我，但我管不住自己时，也希望老师及时批评我。"

(二) 教育教学过程中的表现性评价：以真实性为基础，注重过程性

在学校日常的教育教学过程中，除了一些非正式的评价外，大量的评价还是以较为正式的形式进行，并且多数是在教学过程中开展的。此次课程改革强调要关注过程性评价，及时发现学生在学习过程中存在的问题，并采取补救措施，促进学生在原有水平上取得进步。表现性评价正是一种关注学生学习过程的质性评价方式，当前已在中小学学生评价改革中受到普遍的重视和广泛的运用。

1. 什么是表现性评价

表现性评价，就是指"教师让学生在真实或模拟的生活情境中，运用先前所获得的知识解决某个新问题或创造某种东西，以考查学生知识与技能的掌握程度，以及实践、问题解决、交流合作和批判性思考等多种复杂能力的发展状况。"[①] 简单地说，表现性评价测量的是符合教学目标要求的、学生在各种真实的情境中运用所学知识和技能完成任务的能力。

在表现性评价中，教师在观察与分析学生表现的基础上进行评价；学生的表现既可以体现在完成表现性任务后生成的成果或作品（如研究报告、艺术作品）上，也可以体现在学生完成任务的过程之中（如收集资料、操作仪器的方法）。因此，表现性评价在注重结果的总结性评价（传统考试中的论述题就是一种最常见的表现性评价）和注重过程的形成性评价中均有应用。我们关注的是注重过程的表现性评价，实际上，也正是由于表现性评价

[①] 教育部基础教育司、教育部师范教育司组织编写. 新课程与学生评价改革 [M]. 北京：高等教育出版社，2004：69.

不仅关注结果更关注过程，才使得其虽然存在已久，但只是在最近几年，才有越来越多的人开始强烈支持表现性评价的使用。

之所以更多的人倡导使用表现性评价，主要原因在于[①]：第一，表现性评价可以测量那些不能被客观性试题有效测量的高水平思维技能，如学生能否解决问题、综合或独立思考；第二，学生在学习当中不仅要获得陈述性知识，也要获得程序性知识，程序性知识的获得已越来越成为教学的重点，而某些类型的程序性知识无法通过传统测验来评价，只能应用表现性评价；第三，传统测验导致"应试教育"，出现"高分低能"现象，对教学带来严重的消极影响，而采用表现性评价可以对教师的教学产生积极影响，同时，若在高利害评价中合理使用表现性评价，教师教学活动的重心将会发生积极的转变。

表现性评价有很多形式，如口头表达、科学实验、艺术作品、轶事记录、展览、研究报告以及运用所学知识解决生活中的实际问题等。它强调的不只是学生知道什么，而是如何去做。也就是说，它关注的是学生是否会游泳，而不是学生知道多少关于游泳的知识、技巧等。

2. 表现性评价的类型

表现性评价的类型是按照表现性任务的类型来划分的，表现性任务的类型各种各样，可以是用来评价具体知识和技能的简短的测验式任务，也可以是用来评价广泛的知识、过程及能力的复杂的任务。

---

① [美] W. James Popham. 促进教学的课堂评价 [M]. 国家基础教育课程改革"促进教师发展与学生成长的评价研究"项目组，译. 北京：中国轻工业出版社，2003：137-138.

按照表现性任务的形式及应用情况来划分，大多数表现性任务可以归为三大类：[1]

(1) 简短评价任务

通常用来评价学生对某一知识领域的基本概念、程序、关系以及思维技能的掌握情况。大多数简短评价任务是从设计一个激发学生兴趣的刺激物（可能是一个问题、一幅漫画、一些原始资料等）开始的，接下来说明要求学生完成的任务是什么，可能要求他们解释、操作一个实验，或发表自己的见解等。

这种任务的分类包括开放式的任务、改进的选择题以及概念图。

开放式的任务：有时也称自由反应问题。通常呈现给学生一个刺激物，要求他们通过交流产生一个创新的回答。设计良好的开放式任务呈现给学生一个迷人的情境。这些任务允许各种能力和背景的学生以各种不同的方式处理，以各种途径建构他们的回答。例如：

高中外语任务

说明：你家已经同意款待一位来自交换生项目（Interpals Program）的学生，用德语写一封信欢迎这位来自汉堡将和你生活在一起的学生。这位学生的名字叫约翰·施密特。在你的信中，要包括以下内容：

你家及你们住的房子的情况。

---

[1] [美] Diane Hart. 真实性评价－教师指导手册 [M]. 国家基础教育课程改革"促进教师发展与学生成长的评价研究"项目组，译. 北京：中国轻工业出版社，2004：70-90.

> 你的学校及日常活动。
>
> 你的兴趣和爱好。
>
> 最近你和学校或社区发生的事情。
>
> 既然约翰·施密特将要和你住在一起,那么你也要向他询问一下你想知道的关于他的信息。

改进的选择题:这种选择题呈现的问题比传统的测验更加真实,可以用来评价学生对概念的理解及更高级的思维技能。下面的例子展示了选择题是如何被改进的。

> **小学数学问题**
>
> 比尔受邀参加今天举行的聚会。他接到的邀请函上写着:
>
> 邀请您参加生日聚会
>
> 日期:4月14日
>
> 时间:下午2:30
>
> 地点:约翰家
>
> 在去派对的路上比尔要替妈妈跑个腿儿,这将用掉他20分钟的时间。比尔用半个小时为派对作准备,用15分钟到达约翰家。现在比尔表上的时间是下午1:15分钟。
>
> 比尔有足够的时间按时参加聚会吗?
>
> A. 比尔将迟到10分钟　　B. 比尔将迟到15分钟
>
> C. 比尔将提前10分钟　　D. 比尔将提前20分钟

概念图:用来检查学生对概念和关系的理解。建构这种图时,首先在一张纸中央的圆圈里写上中心概念,然后注释上与这个概念有关的任何单词或概念,并用连线或动词标明它们之间的关系。用概念图评价学生在一段时间内对关键概念和其间关系的理解的变化很有效。

(2) 事件任务

用来评价阅读、写作能力或解决问题等更广泛的能力，重点是考查学生应用知识解决问题的能力。经常让学生以团队或小组的方式来合作。评价可以根据教师的观察、学生的表现、样本的得分、学生的自我评价、同伴评价等，或将这些结合起来使用。

为了评价解决和分析问题的技能，通常呈现一个真实的问题或情境，要求学生做出一个计划，找出解决问题的途径，或做出分析等。例如：

> **案例：高中语文课中的表现性评价：为杂志撰稿**[①]
>
> 艾滋病是人们普遍关注的一个话题。假设你现在应一家杂志社之邀，写一篇文章来比较现在和 10 年前我们对艾滋病的了解情况。你要按以下要求来完成任务：
>
> 1. 找到最新的有关艾滋病病因、危险因素及治疗方法的文章或其他资源。列出所有的资料来源，并附上所有资料的摘要。
>
> 2. 从去年的出版物中选出五篇最好的文章或其他资源。
>
> 3. 依照同样的程序选出过去 10 年中出版的五篇最好的文章。
>
> 4. 写文章比较这两组文章和（或）资源。叙述过去 10 年中人们对艾滋病病因、危险因素的认识，以及治疗方法方面的改变。
>
> 5. 把你的文章寄给此杂志的读者看。把你的文章限制在 4 页打印纸内。你可以按需要加入插图和图表。

---

① 教育部基础教育司、教育部师范教育司组织编写．新课程与学生评价改革 [M]．北京：高等教育出版社，2004：72-73．

> 6. 把参考资料列在文章的末尾。
>
> 我们将从以下几个方面对你的工作进行评价：资料的数量和种类、资料的质量、文章所用表达方式的多样性、问题的适合性和文章的内容、叙述的清晰性和效果。

（3）持续性任务

一种长期的、多目标的项目。成长记录袋是这种持续性任务的典型例子。

3. 表现性评价的优势和局限性[①]

表现性评价的优势表现在以下几个方面：

第一，可以对涉及校内外自然情境中的复杂表现的教学目标实现情况进行评价。通过使用与教学目的密切相关的表现性任务，可以澄清教学的目标并以此鼓励学生发展复杂的理解能力和技能。也就是说，表现性评价有助于测量高级思维能力。

第二，可以测量用其他方法尤其传统纸笔测验无法测量的复杂的学习结果。例如，传统的外语纸笔测验可以测量学生对词汇、语法知识的掌握情况，但学生说的技能却无法测量，必须通过口头表达这种表现性评价的方式来评价学生在外语学习中的口语交际能力。这说明，表现性评价重视培养和考查学生综合运用所学知识解决实际问题的能力。

第三，不仅能评价完成任务的结果，还能评价任务完成的过程。例如，对于一个实验，教师既要关注实验的成功以及充分的论据，还可以通过观察学生设计实验、使用仪器、操作实验的程

---

① ［美］Robert L. Lin & Norman E. Gronlund. 教学中的测验与评价［M］. 国家基础教育课程改革"促进教师发展与学生成长的评价研究"项目组, 译. 北京：中国轻工业出版社，2003：183-184.

序及实验技巧等方面，对学生的表现进行评价。因此，表现性评价为教师评价学生完成表现性任务的过程与结果提供了基础，不像传统的测验，只能看到结果。

第四，它主张对知识的建构，就是运用分析、比较、推理、解释这些一般的认知策略，去创造出新的成果的过程。这一过程是通过让学生完成具有创新要求的表现性任务来实现的。如果一个评价任务没有创新的要求，而只需要学生对先前知识的回忆，那么知识建构和深层次理解就没有得到有效的评价。

表现性评价最明显的局限性，也是人们质疑最多的，就是评分者信度，即不同的教师或同一教师在不同的时间对学生的评分或评价存在不一致的现象。因此，一般在设计表现性评价任务时，都要清楚地说明要评价的内容并设计合理的评分标准及规则。这样有助于提高评价结果的可靠性及不同学生之间分数的可比性，从而保证评价的公平性。另一个局限是费时。表现性评价要求给学生足够的时间，让他们有机会完成每一个任务，一些复杂的任务需要更多的时间；教师观察、分析学生完成任务的情况并进行评价也需要花费大量的时间。正因为如此，表现性评价的实用性遭到质疑。然而，由于表现性评价本身为学生提供了良好的学习机会，所以这种费时从某种意义上说也是值得的。

4. 如何设计表现性评价任务[1]

表现性评价任务的设计，是成功实施表现性评价的首要前提。一般情况下，能有效测量复杂学习结果的表现性评价才算是

---

[1] [美] Robert L. Lin & Norman E. Gronlund. 教学中的测验与评价[M]. 国家基础教育课程改革"促进教师发展与学生成长的评价研究"项目组，译. 北京：中国轻工业出版社，2003：184-186.

高质量的。因此，设计表现性任务实际上是一种挑战，需要我们关注任务的设计及评分的方式。具体而言，在设计表现性任务时需要注意以下一些问题：

第一，关注那些需要复杂认知技能和学生表现的学习结果。由于表现性任务一般需要学生投入足够的时间，所以，它们应该主要用来评价那些传统测验无法评价的学习结果。

第二，选择和开发在内容和技能上能代表重要学习结果的任务。一般来说，表现性评价需要学生完成的是一定数量的、比较有意义的任务，而不是大量的、并不很重要的任务。因此，教师在选择表现性任务时必须非常谨慎，可以自己设计任务，也可以根据需要从现成的表现性任务中进行选择。此外，详细说明学生在完成任务时所涉及的内容和资源的范围是很重要的。对于许多任务来讲，允许学生有机会在他们的知识范围之外进行探究是可取的。在任何项目中，为确保学生能达到预期的结果，使其对任务的内容有详细的了解尤为重要。

第三，确保评价任务和评价目的高度相关。要把注意力放在评价目标上，尽管阅读复杂的文章和交流的能力都是很重要的学习内容，但是对于某一特定的评价来说可能不是必要的目标。如果所提出的任务在某种程度上需要有一定的阅读能力，那么这个评价目标可以针对有阅读困难的学生而不是针对其他学生，否则将降低评价的效度。

第四，为学生提供必要的指导，让学生能够理解任务的要求。挑战性的任务经常是模棱两可的，需要学生经历实验、收集信息、反思等过程。因此，为了完成任务，学生应明白自身需要具备什么样的基础知识和技能。这个问题需要教师给予必要的指导或通过前测活动来完成。

第五，设计使学生能够更好地理解任务的指导语。含糊的任务指导语会导致非常不一致的行为表现，以至于不可能用公平或可靠的方式评价它们。表现性评价在探究用不同的方法解决问题方面给了学生足够的自由，但这不能成为没有任务指导语的借口。清晰、明了的指导语，对于任务的顺利完成及预期目标的实现，至关重要。

第六，运用评分规则使学生清楚地了解完成任务的预期目标。详细说明在评价行为表现时所使用的标准，会帮助学生澄清任务的预期目标。一个完整的表现性任务，都要制定相应的评分标准和规则。

5. 如何评估表现性任务[①]

(1) 评估表现性任务的标准

无论你是选择一个已有的表现性评价任务，还是自己新设计的一个表现性评价任务，都要在正式使用之前或使用之后对表现性任务进行评估。在评估时，通常需要考虑以下几个标准：

- 类推性。学生在这一任务上的表现能在多大程度上类推学生在类似任务中的表现？也就是说，学生在这一任务中表现好，是否就能推断他在其他类似任务中也会有同样好的表现？
- 真实性。这一任务是否接近学生生活的真实情境，而不是校园情境？尽管我们并没有要求所有的表现性任务都必须是真实性的，但真实性是表现性评价的一个重要目

---

① [美] W. James Popham. 促进教学的课堂评价 [M]. 国家基础教育课程改革"促进教师发展与学生成长的评价研究"项目组, 译. 北京：中国轻工业出版社, 2003：141.

标。提供真实性的线索可以使学生对问题更感兴趣，并且有助于教师评价学生是否能够在不同的情境中解决同一个问题。因此，真实性是评估表现性任务的重要标准。

- 多重关注点。这一任务能不能测量多方面的教学成果，如知识、技能、解决实际问题的能力等。
- 可教性。学生能熟练完成这一任务，是教师教学努力的结果还是学生自学的结果？
- 公平性。这一任务对所有学生都是公平的吗？是否避免了因学生性别、民族、家庭社会经济背景等差异而出现的歧视现象？
- 可行性。考虑到人力、物力、财力等方面的因素，这一任务可以实施吗？
- 可评性。能否对学生在这一任务中的表现给予准确、可靠的评分？

确定表现性评价任务应设法考虑上述所有七个因素，但有时我们也可能需要对某些因素少考虑一些。如在某些情况下，效益情境比真实生活情境更适合教师做出某些推论，真实性标准就不那么重要了。再如，考虑到每一表现性任务都很费时费力，能在同一时间测量多方面的成果确实很经济，但有时某一单一的教育产出非常重要，这就需要关注单一的表现性任务。不过，上述两种情况并不多见，因此，一个真正好的表现性评价任务应该符合上述所有评估标准。

(2) 评估表现性任务的方法

在表现性评价中，仅仅设计一个表现性任务是不够的，还要有具体的、详细的、可操作的评分规则，也就是观察和评价学生表现的工具。评分规则是事先确立的标准，为评价学生的学习成果、学习过程和表现提供评分指导，一般用准确的语言和定义为评价学生的表现提供具体的标准，从而控制评分的主观性。由于表现性评价的目标各种各样，因此其评价方式也不止一种。常见的评价方式有核查表、等级量表和轶事记录。

①核查表

核查表通常包含一系列的行为、特征，在评分时看这些行为或特征是否存在即可。这些行为应该是适合评价并能清楚地加以分解的复杂行为或表现，填写核查表即是检查分解后的具体行为是否存在。设计这种评分规则很费时，但评分的信度很高。

核查表一般由两部分组成：一是对行为或结果的描述，即要评价的学生的行为表现或学习结果，二是记录是或否判断。核查表多适合于简单的表现或结果，这时的评价多依赖于观察而非测验，也适合于对那些由一系列步骤组成的行为技能的评价，此时，可以按下列步骤设计一个核查表：

- 确定要评价的每一个行为特征。
- 若要诊断出较差的行为，在表中加入常见的错误行为。
- 按某种逻辑（如发生的顺序）排列所列出的行为。
- 提供指导语，说明检查每一行为的程序。

图4.2是一个评价学生是否能够恰当地应用清漆的核查表。

指导语：在每一题目前的括号中，填上（＋）表示行为是令人满意的，填上（－）表示行为是令人不满的。

（　）1. 在表面适当地撒些沙子。
（　）2. 用合适的布擦去表面的灰尘。
（　）3. 选择合适的刷子。
（　）4. 选择并检查清漆的流动情况。

```
(    ) 5. 把需要的清漆注入干净的容器。
(    ) 6. 把刷子恰当地放到清漆中（刷子长度的三分之一）
(    ) 7. 擦去容器里面多余的清漆。
(    ) 8. 将清漆均匀地刷在物体表面。
(    ) 9. 从中心开始向边缘扩展。
(    ) 10. 不漏过细小的地方。
(    ) 11. 轻轻搅动使清漆流动顺畅。
(    ) 12. 检查刷完的表面。
(    ) 13. 用适当的清洁剂洗净刷子。
(    ) 14. 不要把剩余的清漆放回罐中。
(    ) 15. 打扫工作区。
```

图 4.2　评价适当使用清漆的核查表[1]

②等级量表

等级量表通常用以评价学习成果、学习过程或表现等这些难以用是或否、有或无来评判的内容，通常包含不同的水平等级（如优秀、较好、一般、较差）或频率等级（如总是、经常、有时、从不）。评价者根据学生的表现给予相应的等级。典型的等级量表由一系列对不同表现质量的描述及其等级组成。

等级量表可用于评价学生多方面的学习和发展情况，归纳起来可以用于两大领域：过程或程序的评价，学生作品评价。等级量表在评价过程或程序（如演讲、操作实验仪器、各种表演）时特别有用，因为它关注的是所有学生行为表现的同一方面，并有

---

[1] [美] Robert L. Lin & Norman E. Gronlund. 教学中的测验与评价 [M]. 国家基础教育课程改革"促进教师发展与学生成长的评价研究"项目组，译. 北京：中国轻工业出版社，2003：197.

一个相同的用于记录和判断的量表。当学生表现的结果是一些作品（书法、绘画、读书报告）时，对作品进行评价经常比对过程和程序进行评价更可取。

等级量表有许多形式，但基本上可以分为三种类型：数字式等级量表、图表式等级量表和描述图表等级量表。下面是一个数字式等级量表的例子。

演讲等级量表

说明：根据学生演讲时表现的行为特质程度选择适当的数字

1—从未，2—很少，3—偶尔，4—总是。

（一）肢体表达方面：

1. 站立姿势自然，并且面对听众。　　　　1　2　3　4
2. 随着说话音调的高低而变化面部表情。　1　2　3　4
3. 保持与听众目光接触。　　　　　　　　1　2　3　4

（二）声音表达方面：

4. 说话声调稳定、清晰。　　　　　　　　1　2　3　4
5. 变化音调，以强调说话的重点。　　　　1　2　3　4
6. 说话的音量能使听众听清楚。　　　　　1　2　3　4
7. 每一个字都能正确发音。　　　　　　　1　2　3　4

（三）语言表达方面：

8. 使用能清楚表达意思的精确词语。　　　1　2　3　4
9. 避免不必要的重述。　　　　　　　　　1　2　3　4
10. 用完整的语句表达思想。　　　　　　　1　2　3　4

> 11. 信息表达有逻辑性。 1 2 3 4
> 12. 下结论时,能扼要重复重点。 1 2 3 4

图 4.3 评价学生演讲的等级量表①

③轶事记录②

轶事记录是对教师所观察的有意义的事件和片断进行事实性的描述。一个好的轶事记录应该保持对事实的客观描述,而不是对行为含义的解释。轶事记录在各个学习领域都可以使用,不过在社会适应领域使用较多,主要是向学生提供关于改进学习和适应的建议。

轶事记录的优点在于:

第一,它能够描述学生在自然情境中的真实行为。一个学生可能表现出对科学的极大兴趣,却以一种危险的、漠不关心的方式去操作实验。对实际行为的记录提供了一个评价他人的方法,能使我们确定学生典型的行为表现。

第二,有助于收集个别但重要的事件。如,一个经常少言寡语的学生第一次在班上发言,一个不友好的学生做出友好的举动,一个缺乏兴趣的学生表现出对事物的兴趣。这些个别的重要行为常常被其他评价工具所忽略。轶事记录能使我们对学生进行细致的观察,增强我们对这些行为的认识。

第三,可以用于那些很小的孩子及那些有一定交往技能的儿

---

① 教育部基础教育司、教育部师范教育司组织编写. 新课程与学生评价改革 [M]. 北京:高等教育出版社,2004:86.

② [美] Robert L. Lin & Norman E. Gronlund. 教学中的测验与评价 [M]. 国家基础教育课程改革"促进教师发展与学生成长的评价研究"项目组,译. 北京:中国轻工业出版社,2003:226-229.

童。尤其是当其他方法（如纸笔测验、自我报告、同伴评定）不能有效地评价时，轶事记录则有很大的价值。

当然，轶事记录也有一些局限。主要是要完成一个系统的观察记录是一个很费时的任务。同时，教师有时很难客观地观察和记录学生的行为，教师自己的期望和先入为主的观点往往不可避免地进入观察记录。如，教师往往会注意到那些他们喜欢的学生表现出的好品质，而注意到那些他们不喜欢的学生表现出的不良品质。此外，由于每个学生的行为在不同时间、不同情境下都会有所变化，这就意味着对一个学生适应状况的解释、评价并提出改进建议等需要在收集到相当充足的行为样本以后才能做出结论，而获得充足的行为样本有时有一定的困难。

轶事记录的内容一般包括被观察到的行为、发生的情境及针对此事件的个别解释。前文谈到，轶事记录主要是观察记录那些重要的、有意义的学生的行为，而不是学生所有的行为，因此，教师必须明白要观察和记录什么样的行为。一般来说：

应将观察的对象界定在那些用其他方法不能评价的行为上。

把观察的范围缩小到对几种行为类型的观察。

把观察限定在对少数几个需要特殊帮助的学生上。

下面是一个轶事记录卡的例子。

班级 <u>四年级</u> 学生 <u>M·约翰逊</u>
日期 <u>4/25/94</u> 地点 <u>教室</u>
事件：
在马上要开始上课时，玛丽给我看了一首她自己写的诗《春天》。这首诗的确写得不错，我问她是否愿意在班上念一念，她点头表示同意。她小声地读着诗，不断地看本子，右脚

> 在地上划来划去，手不停地拉着袖口。当读完之后，史蒂夫（坐在后排）说："我没有听见，你能再念一遍吗？大声一点行吗？"玛丽说"不行"，然后就坐下了。
>
> 解释：
>
> 玛丽喜欢写故事和诗，并且非常有创造性。然而，当让她在大家面前呈现时，她显得非常害羞和紧张。她之所以拒绝再读一遍是因为太紧张了。

图 4.4 轶事记录卡样例

尽管我们是在分别论述核查表、等级量表和轶事记录，但在评价学生的表现时，它们常常是结合在一起使用。

表现性评价的普遍使用是当前中小学学生评价改革的重要趋势。在表现性评价中，学生在真实或模拟的情境中完成某项任务，教师则通过观察学生完成任务的表现进行评判。注重过程性、真实性，是表现性评价的主要特征。为此，我们可以采用核查表、等级量表等方式对学生的表现进行观察和评价，从而促进学生学业成绩的提高和综合素质的发展。

（三）校内学业考试和毕业考试：以测量学为基础，强调全面性

虽然新课程强调在学生评价方面重视采用质性的评价方法，但是，考试仍然是评价学生学习效果的主要方法，在学生评价体系中占有非常重要的地位。因此，应充分利用考试评价这一手段，促进学生的发展。

校内学业考试属于教学类考试，包括单元测验、期中、期末考试等。其目的在于通过考试所收集反馈的信息，了解学生对所学知识、技能的掌握运用情况，分析阶段性教学目标和任务的完

成程度，从而为下一阶段的教学设计与安排提供参考依据。学业考试是学校教育的一个中间环节，起承上启下的作用，特别是对其后的教学产生重要的影响。同时，它关注的是全体学生，通过阶段性的考试发现在学习方面存在困难而需要帮助的学生，应该得到教师更多的关注，因为这些学生一旦在考试中受到挫折很容易丧失信心，甚至放弃学习。

从某种意义上说，教学类考试应该是对学生的另一种教育方式。这就要求学业考试的设计要符合基本的程序，试题的编制应符合相应的教学目标和命题原则，从而保障考试有较高的信度和效度。

毕业考试，属于水平考试，目的在于考查学生是否达到毕业水平。国家规定，在已经普及九年义务教育的地区，实行小学毕业生免试就近升学的办法，也就是说小学毕业无须升学考试。但我们认为，各地各校应根据课程标准的要求进行毕业考试，以监控小学阶段的整体教学质量、学校办学水平及小学生的学业水平。

初中阶段，原则上应将毕业考试与升学考试分开，毕业考试由各个学校自行组织。由于毕业考试是检测学生是否达到毕业水准，同时也是检查学校教学质量的有效手段，因此，毕业考试的设计更要科学、规范、客观、公正。

普通高中毕业会考改革方案由省级教育行政部门制定，继续实行会考的地方，应将会考与高考区分开来，突出会考水平考试的性质，减轻学生考试的负担。不再进行普通高中会考的地方要建立和完善普通高中毕业考试制度。

1. 对学业考试和毕业考试的基本要求

为了体现新课程的理念，促进课程改革的顺利进行，校内学

业考试和毕业考试的举行，除了要遵循考试设计的基本程序及命题原则外，还应注意以下几点要求：[1]

第一，考试内容以课程标准为依据，突出考查学生最基本的知识、能力与技能，杜绝考查"难、繁、偏、旧"的内容和过于注重书本知识的现象，加强考试内容与学生生活以及现代社会和科技发展的联系，注重考查学生分析问题、解决问题的能力。

第二，试题的设计应有一定的开放性，使每个学生都有机会进行思考，发表自己的见解，展示自己的才能，鼓励学生的创新精神。

第三，考试的形式要多样化。形式服从内容，内容服从目标，新课程目标的多元性，必然要求考试形式多样化。可以采用笔试、口试、答辩、论文写作、实验等多种形式对学生进行考查。

第四，注重考试的反馈功能。对于通过考试所收集反馈到的信息，要进行认真、详细的分析，对发现的问题应及时采取补救措施，发挥考试促进学生学习和提高教育教学质量的作用。

第五，发挥考试分数的正面功能。让每个学生通过分数可以看到自己在原有水平上都有所进步，哪怕是微小的进步，要让学生体验到成功的喜悦，增强他们学习的积极性和自信心。考试在鼓励优秀生的同时，也应关注落后者，引导他们在达到课程基本要求的情况下发展自己的兴趣爱好、个性特长等。

第六，改变考试管理统得过死的局面，将考试权还给师生。

---

[1] 余文森，主编. 新课程背景下的公共教育学教程 [M]. 北京：高等教育出版社，2004：303.

2. 新课程推进中的期末评价和考试改革[①]

新课程要求学生评价进行相应的改革,而由于中小学期末评价与考试是学生评价的重要组成部分,因此,中小学期末评价与考试也要进行一系列的改革,涉及考试内容、考试方法、时间安排及考试结果的使用等多个方面。

(1) 内容方面

新课程在培养目标、课程标准、教学理念、学习方式、师生关系等各个方面都发生了许多重要的变革,期末评价与考试的内容必须做出相应的调整,主要是改变过去只注重考核知识与技能的状况,高度重视对过去被忽视的重要方面的评价,科学、全面、合理地确定期末评价与考试的内容。

这就要求教师和研究人员认真阅读《纲要》和课程标准,深刻理解新课程的培养目标和课程目标,并全面认识各门课程的内容标准,将它作为确定期末评价与考试内容的主要依据。传统期末评价中,教师就教材而考教材的做法应当改变。新课程着重培养的学科共通能力(如探究能力、搜索和处理信息的能力、批判性思考的能力等)、情感态度与价值观,都要成为中小学期末评价的重要内容。

在当前的期末评价改革实践中,很多实验区和学校都试图构建一个能全面反映学生学习与发展状况的评价体系,以帮助教师从知识与技能、过程与方法、情感态度与价值观等方面全面评价学生。应该说,这种做法的初衷是好的,但在操作上应当慎重。

---

① 教育部国家基础教育课程改革"建立促进教师成长和学生发展的评价体系的研究"项目组. 对新课程背景下中小学期末评价与考试改革的再认识 [J]. 语文建设,2002 (8).

因为构建一个既全面丰富又客观有效的评价体系本身是十分困难的，在构建的过程中还可能导致过分量化、评价过细等问题。

（2）方法方面

过去，期末评价被简单地理解为考试，而且只是纸笔形式的考试。加之考试的目的是甄别学生，给学生排队，所以难度很大，使考试成为一种既紧张又枯燥的教育活动。为了更好地发挥评价的教育功能，使期末评价与考试成为促进学生成长和教师发展的教育契机，设计和采用多样化的评价与考试方式、方法，无疑是一个很好的途径。

在实验区，教师们在期末评价与考试过程中采用了包括成长记录袋、表现性评价、情境模拟、游戏测评、展示最佳成果在内的多种方法，在方式上使用了二次评价、开卷考试、小组合作考试、研讨会等，使期末评价与考试活动生动活泼，学生们在轻松、快乐的氛围中参与了期末评价与考试，收效良好。

但必须指出的是，每一种评价与考试的方法，都有其优势与局限性，都有其适用的条件和范围。学生发展的不同侧面有不同特点和表现形式，对评价与考试的方法也有不同的要求。教师在设计期末评价与考试方案的时候，必须全面、充分地考虑评价目的、评价内容、评价对象，以及班级教学实际等，综合选择和使用各种方法。此外，期末评价与考试改革不能盲目追求方法上的新异性和多样性，或一味迎合学生的兴趣，应当保证考试能有效地考查学生是否实现学习目标，充分发挥考试的诊断与发展性功能，要在调动学生考试积极性、减轻考试负担与确保考试的信度和效度之间找到合适的平衡。

（3）时间方面

传统的期末考试是在学期末这一特定时间段进行的，具体地说，就是在期末阶段，学校和教师利用若干单元的时间组织学生进行考试，以检查学生各门课程的学习情况。改革后的期末评价与考试转变成对学生在全学期学习与发展情况的整体评价，既强调结果又关注过程，力求实现终结性评价与形成性评价的有机结合，因此不可能在期末一段很短的时间内集中完成。相对而言，期末评价与考试时间点的选取，由于学生发展不同侧面具有不同的特点而表现出相当的复杂性和多样性：①有些发展侧面（如识字）需要在期末阶段通过考试或其他形式的集中评价予以考查，但即使如此，教师还是要把期末考试与平时情况有机地结合起来；②有些发展侧面（如写作）可以组织期末考试，也可以完全依据日常学习活动中有意收集的各种信息和证据做出评定；③有些发展侧面（如学习态度）不能进行期末考试，必须通过平时的观察、轶事记录、访谈等手段，收集相关信息，凭借教师的经验和智慧给出一个描述性的评价意见；④有些发展侧面（如热爱祖国）既不需要期末集中评价，也不用在平时定期考查，只要教师给予必要的非正式评价即可。

（4）结果反馈

结果呈现和反馈是期末评价与考试的重要环节。从内容上看，期末评价与考试的结果要注意定性与定量相结合。具体地说，有的评价领域（如知识掌握）可给予定量的等级评定，有的评价领域（如态度）只需给予定性的描述意见即可，有的评价领域（如问题解决能力）则需要定量和定性两种评价的结合。

从形式上看，期末评价结果的呈现与反馈既可以是书面的，也可以是口头的，理想的形式当然是书面与口头的结合，但因为口头反馈需要教师付出许多时间和精力，所以不可能面向全体学生，只要能提供给确有需要的学生即可。教师设计的期末评价结果报告单还可以有不同的版本，留给自己做教学参考的版本可以与提供给学生或家长的版本有所不同。一般来说，留给教师自己使用的评价结果要客观真实地反映学生的学习情况，而提供给学生的版本要能激励和促进学生的发展，给家长的版本则要能为家庭教育和家校协同提供很好的参考意见。

无论以什么形式呈现期末评价报告，在报告单里，教师都应当在呈现结果的同时，在对学生充分了解的基础上，结合自己的观察和经验，给学生提出有针对性的发展建议，以帮助学生认识自己的优势与不足，明确改进的方向与途径，在以后的学习中争取更大的进步。

总之，在新课程背景下，中小学期末评价与考试要落实当前评价改革的新理念，要充分发挥其促进学生发展与教师成长的积极作用。

【复习思考题】

1. 如何理解教育评价的内涵及其目的？
2. 结合实际情况，谈谈我国教育评价的发展趋势。
3. 当前学生评价存在哪些问题、如何解决？
4. 什么是表现性评价？如何设计、评估表现性任务？
5. 新课程实施以来，我国中小学校内学业考试和毕业考试进行了哪些改革？还存在哪些障碍？如何克服？

第五章
成长记录袋评价

　　成长记录袋评价法，在国外教育实践领域的运用已经有 20 多年的历史。许多国家都采用成长记录袋来对学生的学习过程、进步情况和努力程度进行更为具体、更加全面和动态的评价。近几年，尤其是新课程实施以来，成长记录袋评价法开始受到我国教育理论和实践工作者的重视，也逐渐走进学生评价领域，成为一种重要的评价方式。2002 年 12 月，教育部发布的《关于积极推进中小学评价与考试制度改革的通知》指出："建立每个学生的成长记录。成长记录应收集能够反映学生学习过程和结果的资料，包括学生的自我评价、最佳作品（成绩记录及各种作品）、社会实践和社会公益活动记录、体育与文艺活动记录，教师、同学的观察和评价，来自家长的信息，考试和测验的信息等。""学生是成长记录的主要记录者，成长记录要始终体现诚信的原则，要有教师、同学、家长开放性的参与，使记录的情况典型、客观、真实。"2003年国家颁布的《普通高中课程方案（实验）》明确提出要"实行学生学业成绩与成长记录相结合的综合评价方式。学校应根据目标多元、方式多样、注重过程的评价原则，综合运用观察、交流、测验、实际操作、作品展示、自评与互评等多种方式，为学生建立综合、动态的成长记录手册，全面反映学生的成长历程"。

由此可见，成长记录袋评价作为一种重要的质性评价方法受到本次课程改革的大力倡导。为了使我们对这一评价方法有一个全面、系统的了解，本章将对成长记录袋评价进行较为详细的论述。

第一节 成长记录袋评价概述

一、成长记录袋评价及其特征

（一）什么是成长记录袋

成长记录袋，英文单词是"portfolio"，意思是"文件夹"、"公事包"或"代表作选辑"，国内也有人将其译为"成长记录"、"档案袋"、"学习档案"等。成长记录袋是个人作品的系统收集，这一作法在许多年前就已被其他领域广泛地使用，是某些专业人士展示其技艺与成就的主要方式，最早是摄影师、画家，后来是记者、作家、时装设计师、建筑师等，他们都曾将成长记录袋用于这一目的。

近十几年来,这一方法开始被应用到教育评价领域,系统收集学生的作品,以反映学生在某一方面的努力、进步和成就。

尽管成长记录袋在国外教育实践领域已被广泛应用了十几年,但到目前为止尚未有一个统一的定义。有学者在对国外相关文献进行综述的基础上,提出了一个本土化的定义:

成长记录袋就是"根据教育教学目标,有意识地将学生的相关作品及其他有关证据收集起来,通过合理的分析与解释,反映学生在学习与发展过程中的优势与不足,反映学生在达到目标过程中付出的努力与进步,并通过学生的自我反思激励学生取得更高的成就"。[①] 简单地说,成长记录袋就是学生作品的系统收集,也包括教师、同伴、学生自己对作品进行评价的有关材料,学生的反思及其他相关材料,以此来反映和评价学生学习和进步的状况。成长记录袋评价,也就是根据成长记录袋中的内容,对学生的学习、进步情况进行价值判断,以期达到价值增值的目的。

成长记录袋可以说是学生成就的描述,记录了学生在某一时期一系列的成长"故事",是评价其努力程度、进步状况、反省能力和最终发展水平的理想方式。

一般来讲,成长记录袋的内容主要包括学生的作品(如平时作业、作文、采访、观察记录、文艺表演录像带、艺术作品、研究报告等),学生完成作品过程的记录与描述,他人(教师、同伴、家长及学生自己)对作品的评价以及学生的自我反思等。

成长记录袋评价的目的在于激发学生努力学习的动机,展现学生学习中的成就和进步,也就是说,反映学生在课程教学中学

---

① 教育部基础教育司、教育部师范教育司组织编写. 新课程与学生评价改革 [M]. 北京:高等教育出版社,2004:39.

到了什么以及他们能够做什么。

成长记录袋评价的主要意义在于，它为学生提供了一个学习的机会，使学生能够学会自己判断自己的进步。因为学生是成长记录袋的所有者，有权决定收入什么样的作品，并自我判断收入的作品或资料的质量与价值，从而拥有判断自己的努力状况、学习进步的机会。同时，对于一个集体而言，一组成长记录袋可以用来评估一个学校或者一个地区的课程和教学情况，从而将评价与学校的教育教学融合在一起，与课程和学生的发展保持一致，提高了评价的效度，最终有利于学校教育教学质量的提高和学生的成长与发展。之所以如此，是因为评价应是教学的一个有机组成部分，而不能与教学相分离，好的评价是好的教学不可分割的一部分，并且二者的重点都应放到以学生为中心的教学上来。这已成为绝大多数赞同使用成长记录袋评价的教育理论和实践工作者的共识。

虽然成长记录袋进入教育评价领域的时间并不长，但作为传统教育测验的一种替代方式，它已引起人们的广泛关注，并越来越受到那些对传统评价失去兴趣的人们的欢迎，因为，与传统的标准化测验相比，成长记录袋评价有着许多自身的优势，见表 5.1。

表 5.1 成长记录袋与标准化测验的区别[1]

成长记录袋	测验
反映学生参与的多种读写活动	依据有限的读写任务来评价学生的读写能力
让学生参与自己进步与成就的评价,并提出进一步学习的预期目标	由教师根据学生的答题情况评分
在尊重学生个体差异的基础上评价每一学生的成就	用同一标准评价所有的学生
评价过程是合作性的	评价过程是非合作性的
自我评价是重要目标	没有自我评价方面的目标
关注学生的进步、努力与成就	只关注学生的成就
将评价与教、学结合起来	教、学、评价是分离的

(二) 成长记录袋评价的典型特征

在我国,成长记录袋实际上还是一个新鲜事物。作为一种新兴的质性评价方式,它将学生在学习与发展过程中生成的作品及相关材料收集起来,全面、客观、动态地反映学生学习与发展的过程,展现学生的努力、成就与进步,与传统意义上的学生档案有本质的区别。在实践当中,很多中小学教师及有关研究人员对成长记录袋的认识还停留在概念层面,对于它与其他学生评价方式有何区别还不是很清楚(有些人将成长记录袋等同于传统的学

---

[1] [美] W. James Popham. 促进教学的课堂评价 [M]. 国家基础教育课程改革"促进教师发展与学生成长的评价研究"项目组,译. 北京:中国轻工业出版社,2003:155.

生档案），这种认识上的偏差必然会影响成长记录袋的实施及其效果。因此，有必要对成长记录袋的典型特征进行分析。总体来看，成长记录袋评价有以下七个典型特征：[①]

1. 成长记录袋作品来源的多样性

成长记录袋主要是收集学生在学习过程中生成的各种作品，以此作为展现学生努力与进步的有力证据。因此，一般来讲，凡是能够反映学生学习进步的各种材料都可以成为成长记录袋中作品的来源渠道，如学习日记、录像带、作文、观察记录、艺术作品、照片、家庭作业、实验报告、与他人合作完成的调查、研究报告等。

学生在证明自己的成就时所提供的作品样本种类愈丰富，说服力便愈强，而这也为教师判断学生的能力，对各种各样的作品进行评价提供了机会，有助于教师发现各类不同的作品是如何殊途同归地服务于某一教学目标。

当然，作品来源的多样性，并不意味着成长记录袋是一个无所不容的大筐，什么东西都可以往里装。到底什么样的作品可以进入成长记录袋，还取决于成长记录袋的具体使用目的。

2. 成长记录袋的真实性

即成长记录袋中的作品与课堂教学是紧密相关的，所收集的作品是对学生在学习过程中真实成就的反映，如反映学生一学年以来在写作课程方面所取得的成就，而不是收集那些脱离课堂教学和学生实际学习状况的作品。

---

① ［美］James Barton，Angelo Collins，主编. 成长记录袋评价——教育工作者手册［M］. 国家基础教育课程改革"促进教师发展与学生成长的评价研究"项目组，译. 北京：中国轻工业出版社，2005：3-5.

3. 成长记录袋的动态性

成长记录袋关注的是学生在较长一段时期内（如一个学年）的成长与变化情况。因此，成长记录袋中的作品要不断地更新，以反映学生在这一时期内成就和技能的进步。从这个意义上讲，成长记录袋不只是收录学生最好的作品，还收录反映其学习过程与进步的作品，如反映写作水平进步过程的各种草稿。也就是说，成长记录袋记录了学生在某一时期一系列的成长"故事"，像一场电影一样反映了学生在各个阶段的学习进步情况，具有明显的动态性。

4. 成长记录袋的目的性

成长记录袋的创建首先应该有明确的目的，因为不同的目的决定了成长记录袋要收集什么样的内容。目的明确了，学生在收集作品样本时便有了选择性，而不是不分主次、不分类别地将所有的材料都放进成长记录袋中。若创建成长记录袋的目的是为了展示学生的最佳成果，那么应收录学生认为最满意的、最能代表其水平的作品；若创建成长记录袋的目的是为了描述学生在某一时期学习与进步的过程，发现其优势与不足，那么收录的内容不仅要包括学生的最终作品，也应包括反映学生学习过程的材料（如一篇作文的草稿）。总之，成长记录袋是因特定的目的而建立，其内容也是依这一目的而收集。

5. 成长记录袋的整体性

成长记录袋中所收集的作品样本，一定要将学生所学的内容与生活经历统一起来。例如，在地理课上，教师可以要求学生在学习我国各省（区）自然、人文状况时比较一下，各省（区）人们的生活习惯是受到哪些因素的影响而表现出一定的差异。也就是说，成长记录袋中的作品应该将学生的学习与其周围的现实生活有机地结合起来,体现出整体性,防止学生的学习脱离实际生活。

6. 学生是成长记录袋的主人

在成长记录袋的创建过程中,虽然教师、同伴、家长等都有一定程度的参与,但一般情况下,学生自己是成长记录袋的主要记录者,收入什么样的作品以及对作品进行的自我评价、反思,都是由学生自己来完成。因此,学生是成长记录袋的主人,对成长记录袋拥有所有权。从另一个角度来说,学生是成长记录袋的主要建设者,教师等其他人只是起一定的指导作用。所以,在创建成长记录袋时,学生的参与、投入程度至关重要。

7. 成长记录袋的多重目的性

虽然我们讲成长记录袋中的作品是依据特定的目的而收集的,但实际上,一件作品往往具有多重目的。用以评价学生的作品也可以用来评估课堂教学,而且成长记录袋的用处也不仅仅限于某一任务或学科,教师在使用成长记录袋时就会发现,不同年级及学科之间在教学上有着极其重要的联系。

二、成长记录袋评价的类型与构成

从不同的角度入手,成长记录袋评价可以划分为不同的类型。美国学者 Robert L. Lin 与 Norman E. Gronlund 采用两分法将成长记录袋划分为四对范畴:教学型与评价型,当前成就型与进步过程型,最佳作品展示型和文件型,最终成果型和过程型。[1] 约翰逊（B. Johnson）根据入选材料的不同将成长记录袋划分为最佳成果型、精选型和过程型。美国南卡罗纳大学教育学院格莱德勒（M. E. Gredler）教授以成长记录袋的不同功能为标准，将其划分为：理想型、展示型、文件型、评价型和课堂型。[2] 本书在借鉴格莱德勒教授划分方法的基础上，主要根据成长记录袋使用目的的不同，将其划分为以下五种类型。

（一）教学型成长记录袋[3]

顾名思义，教学型成长记录袋即以促进学生学习为目的的成长记录袋，也称为理想型成长记录袋，其设计的意图在于帮助学生成为对自己的学习历程具有思考能力和具备非正式评价能力的人。作为一种手段，它可以帮助学生提高自我评价的技能，有助于学生的发展，也可以作为教师与学生及其家长以及学生与其他人进行有效交流的工具。因此，它常常被视为提高学习质量的工具。

教学型成长记录袋主要由三个部分构成：作品产生过程的说明、系列作品及学生的反思记录。作品产生过程的说明，主要是学习计划产生和编制过程的文件记录，通过这部分内容，学生选择计划时的理想就能展现出来。系列作品是学生在完成某一学习计划的过程中创作的各种类型的作品集。如果说，对一项作品产

---

[1] ［美］Robert L. Lin & Norman E. Gronlund. 教学中的测验与评价［M］. 国家基础教育课程改革"促进教师发展与学生成长的评价研究"项目组，译. 北京：中国轻工业出版社，2003：207.

[2] 钟启泉，等. 基础教育课堂改革纲要（试行）解读［M］. 上海：华东师范大学出版社，2001：293-294.

[3] 徐勇，等，编. 新课程的评价改革［M］. 北京：首都师范大学出版社，2001：107-108.

生过程的记录表明了学生在某一学科领域中成就的深度，那么学生系列作品则表明了学生取得成就的广度和范围。学生的反思记录对于学生在学习上的成就非常重要。在学期的不同时间里，教师要求学生充当批评家或传记作家的角色，让学生描述自己作品的特征、自己在成长过程中所取得的进步、已经实现的目标等，这些都可作为反思记录的内容收入成长记录袋。通过这种反思，一方面为学生的成长提供了重要契机，另一方面也培养了学生自我反思和自我教育的习惯与能力。

可见，教学型成长记录袋可以作为不断发展的信息来源为教师和学生双方提供服务，让他们及时准确地掌握学习进展的实际情况，以便调整下一步的学习。同时，成长记录袋建立的过程，也是师生共同讨论、学习的过程，实现了评价与课程、教学的整合。

在开展教学型成长记录袋评价时，"随堂记录卡"提供了一种极好的展示学生进步的手段，因为它能够及时地、具体地评价学生。随堂记录卡可以作为学生离开教室时的通行证，在学生离开教室之前，他们必须填写随堂记录卡。记录卡中有一些非常具体的问题，可以作为对课堂内容的多方面反馈。如表5.2，一个随堂记录卡可以通过具体的评论来表明学生对课堂的喜好和参与。

表5.2 随堂记录卡[①]

姓名：_____ 日期：_____
主题：_____

- 我对于这节课的看法是：

- 对于这节课，我喜欢的是：

- 我参与最多的时候是：

- 我参与最少的时候是：

- 我想做一些变动，包括：

> **随堂记录卡**
> 日期_____
> 姓名_____
> 你在这节课上做的好的工作是什么？
> _____
> 你喜欢什么样的变化？
> _____

通过成长记录袋，可以让学生展示自己的才华，表达自己所关心的事情，澄清自己的问题，发展自己薄弱的领域，认识到自己的进步，为发展自己解决问题的能力而制定计划、并记录自己的成就。

随堂记录卡可以与学生直接关心的事情和问题有关，也可以让学生反思他们在一段时间内学业上的进步。作为一种复习的工具，随堂记录卡可以要求学生对复习过程中的问题做出答复。如表5.3所显示的样例，是极好的评价工具。

---

① [美] Ellen Weber. 有效的学生评价 [M]. 国家基础教育课程改革"促进教师发展与学生成长的评价研究"项目组，译. 北京：中国轻工业出版社，2003：99-101.

表 5.3 为复习目的而进行的反思记录卡[1]

1. 在上周中你花了多少时间复习?
2. 描述一下你的复习过程与方法。
3. 你用什么证据来证明你已经成功地学会了应该复习的资料?
4. 关于你的主题你已经知道的事实是什么?
5. 你学习到了哪些新的东西?
6. 考试前,为了进一步的复习你是怎样组织材料的?
7. 在复习中你仍然没有解决的问题是什么?
8. 在你的复习活动中你是怎样激活你独特的能力和兴趣的?
9. 对于这次复习的成功,你将用什么样的评语进行描述?

教学型成长记录袋评价实施的关键是教师把成长记录袋评价作为教学过程的有机组成部分。由于成长记录袋的设计可以很好地符合个别学生的发展需要,对于教师来说,它具有很强的诊断功能,可以发现学生在学习过程中存在的问题,并及时给予相应的补救措施,促进学生的发展。

(二)过程型成长记录袋

过程型成长记录袋的目的是表现学生在某一时期的成长和发展过程,因此,所收集的作品的时间跨度一般比较长,如,一个写作计划可能包括最初的提纲、第一次的草稿、对草稿的自我评价及来自教师和其他同学的评价、第二稿及其评价、报告或短文的最终稿。

过程型成长记录袋经常用于表现学生日常的活动,对于形成

---

[1] [美] Ellen Weber. 有效的学生评价 [M]. 国家基础教育课程改革"促进教师发展与学生成长的评价研究"项目组,译. 北京:中国轻工业出版社,2003:101.

性评价来说最为有用,目的在于引导学生在不断改进的基础上学习。此外,可为教师及时提供学生每日的进展,还可作为一种手段为学生提供形成性的反馈,以帮助学生改进和完善其作品。需要指出的是,在过程型成长记录袋中,不要因为学生表达的思想不够正确或理解不到位就惩罚学生,要想让其发挥最大的效用,就应当鼓励学生自由表达自己的思想,并及时对学生的作品给予反馈。因此,对教师来说,最重要的建议是,只有对过程型成长记录袋抱有极大的热情才能更好地发挥它的作用。[①]

过程型成长记录袋包括了显示作品不断发展和完善的证据,也包括学生完成一件作品的所有草稿。因此,它像一个储存器,把学生的作品都收集起来,提供证据以反映学生在实现学习目标过程中的优势和不足,从而有助于教师对学生的需要做出诊断。这种类型的成长记录袋主要由学生自己来完成,学生可在教师的指导下关注和反省自己作品的数量和质量。家长也可以参与进来,通过它可以看到孩子的进步,并对孩子的学习提出建议。从所收集的作品中,学生可以挑选出最好的作品放进评价型或展示型成长记录袋中。

过程型成长记录袋所选择的作品在数量和质量上范围更广,用以显示学生理解的深度、广度以及学生理解的成长过程。需要注意的是,无论学生创作的是什么,成长记录袋都要尽可能搜集到学生系统的、有组织的作品,从而作为学生一个学期以来的努力、成绩和进步的证据。表 5.4 给出了创建过程型成长记录袋的

---

① [美] Robert L. Lin & Norman E. Gronlund. 教学中的测验与评价 [M]. 国家基础教育课程改革"促进教师发展与学生成长的评价研究"项目组,译. 北京:中国轻工业出版社,2003:210.

指导方针，可供参考。

表 5.4　过程型成长记录袋的指导方针[①]

（1）运用过程型成长记录袋之前，应为学生提供文件夹。要求学生提供一些背景性的信息，比如在课程的开头，要求学生提供有关他们对课程的态度以及对课程的了解的信息，同时要求他们持有一份对内容的注释表。

（2）教师应当确定能够反映他们教学目标的课程和单元。在学习这门课程的过程中，教师和学生都可以选择将哪些东西放进过程型成长记录袋中，例如草图、最后的作品、论文或多媒体制作。为了指导对过程型成长记录袋条目的选择，教师应提出以下要求：

展示成果；

反思自身的变化与成长；

显示学生所冒的风险；

显示令人满意或不满意的学习经验；

表明学生的学习方式。

（3）学生所做的各项记录同样也可附加在相应的过程型成长记录袋中的条目上。反思包括书面的或录音形式的理由来说明为何做出这样的选择。例如，在他们的学习中，最有益的也是最具挑战性的是什么；在校外，学生如何应用课堂中所学的内容。这些记录可以提供大量的讨论素材。

（4）当教师和学生一起对过程型成长记录袋做出评判时，应当同时讨论成果和下一步的计划。在评判的过程中，要确认学生的长处、不足、目标及学习策略，从而让学生认识到自己的总体成就、所面临的挑战以及下一步的追求。

（5）非常必要的是：要根据班级的大小来调整过程型成长记录袋的评判方式。若班级较小，安排师生个别会面比较合适。若在较大的班级，采

---

① Linda Campbell, Bruce Campbell, Dee Dickinson. 多元智能教与学的策略 [M]. 王成全，译. 北京：中国轻工业出版社，2001：469-471.

取小组反馈的方法更为实际。每次讨论的问题要限制个数，以免学生被过多的反馈弄晕了头脑。

(6) 如果愿意的话，教师、学生、家长以及社区的专家都可以参与到过程型成长记录袋的评价中。评价必须与最初的教学目标紧密相连。过程型成长记录袋所强调的重点以及评价的方式会因为教师的不同以及班级方案的不同而不同。Arts Propel 文学院的教员认为在评价中应当考虑以下主题：

展示技能及原理应用的技术；

确立目标的能力；

对学问长期不懈的追求；

敢于冒风险并善于解决问题；

运用教学内容中所提供的工具的能力；

对学习的关注及深厚的兴趣；

评估自己工作的能力；

从建设性的反馈中成长的能力；

独立工作的能力；

与人合作的能力；

获得并利用资源的能力。

（三）评价型成长记录袋

评价型成长记录袋强调以评价为目的，是借助学生所收集的作品来评价其在某一学科的成就。也就是说，评价型成长记录袋的目的就是描绘学生在学校课程中到底学到了什么。因此，学校课程的内容决定了要选择哪些东西进入评价型成长记录袋。一般来说，评价型成长记录袋内容的选择必须严格依照课程，以反映学生在课程领域内的掌握程度究竟如何。因此，教师是评价型成长记录袋的主要组织者，学生也会参与作品的选择，教师在征求学生意见的基础上，决定将哪些作品收进评价型成长记录袋。教师将它作为给学生评定等级的依据，也为管理者做出有关特殊方案和高级课程的设置提供依据。所以，这种类型的成长记录袋一般用于水平性或选拔性评价。

评价型成长记录袋收集的内容与步骤主要有：[①]

第一，根据学习内容制定具体的评价指标。在评价标准中应有学生进步及改进（如作文的修改）情况的报告。

第二，教师根据评价指标，相应地安排学生应收集什么样的作品。

第三，记录学生对所收集的作品的感受与体会，对作品的满意程度及改进的设想（反思记录），放入成长记录袋中。

第四，教师根据学生的作品及反思记录，对学生的下一件作品提出改进的建议并进行相应的指导。

第五，按照评价指标，教师、学生、同伴或家长对成长记录袋中与学习领域有关的作品及反思记录进行等级评价，并说明理由及改进建议。

第六，学期末时，教师根据学生的作品、反思记录与交流、进步情况对学生进行终结性评价。

需要指出的是，当成长记录袋用于评价学生的学习与发展水平时，就必须使收集的内容结构化，以便于不同学生之间进行比较。此外，目前大规模地将成长记录袋用于高利害评价（如作为毕业或升学的依据）的情况还比较少，因为在高利害评价中，成长记录袋若设计不好，其信度和效度难以保证。因此，将成长记

---

① 肖远军. 教育评价原理及应用 [M]. 杭州：浙江大学出版社，2004：193.

录袋用于高利害评价时必须十分谨慎。若要使用，则必须花大量的精力来制定成长记录袋内容选择的指导方案及评价标准，同时需要更高的一致性和更精确的评分系统。

（四）展示型成长记录袋

展示型成长记录袋的目的是展示最优作品，即通过收集学生在某一领域的最佳成果（如艺术作品、诗歌、故事、调查报告、实验等），来对学生在这一领域达到的水平做出评定。尽管在许多情况下学生所选出的作品并不一定是最完善的，但是只要学生自己认为所包含的作品能够显示他们的最高水平即可。

展示型成长记录袋的内容一般由学生自己选择，有时也参考教师和其他同学提出的建议，目的在于让学生学会根据特定的目的和展示对象的情况，确定收集那些最能够证明他们知道什么和能够做什么的作品。因此，在创建展示型成长记录袋时，学生可以学会批判性地评判自己的作品，特别是自己的作品在哪些地方能优于其他人。由于在挑选作品的过程中，学生必须选择出最能代表其水平的作品，所以，成长记录袋中的内容可以在整个学年不断扩展，只要是能反映学生进步的资料都可以收集进来，以便于学生选出他们认为最佳的作品。

在展示型成长记录袋中，由于学生所收集的都是自己认为最佳的作品，因此学生的个性差异或特长能够得到体现。同时，学生把自己在真实学习生活中完成的作品收集起来，并在别人面前展示，在一定程度上体现了学生的自豪感和自尊，有利于激发学生的内在学习动机，增强学生的自信心和对学习的兴趣。此外，通过展示型成长记录袋，教师、家长也可以充分了解学生在某一时期内取得的成就。

展示型成长记录袋中收集的作品，要根据不同的学科和评价内容而定。以语言艺术学科为例，该学科选入记录袋的最佳内容可能包括：一系列写作类型的最佳作品，如说明的、创作的（诗歌、戏剧、短篇故事）、报刊的（报告、专栏作品、评论）、广告副本、讽刺作品或幽默作品等。再比如，数学学科中，可以作为最佳内容选入记录袋的包括：对教师所提问题的最佳答案，学生开发出的最佳原创数学理论，对数学期刊的最佳评论或学生写的数学家传记，对问题解决的最佳描写（描写问题解决的过程），学生探究过的数学理念的一张照片、图解或概念图。[①]

（五）文件型成长记录袋

文件型成长记录袋是根据一些学生的反映以及教师的评价、观察、考查、轶事、成绩测验等得出的学生进步的系统性、持续性记录，目的在于为学生学习的广度和深度提供证据。因此，它所包含的内容更加丰富、作品更加全面，不一定局限于学生处于优势的领域，既包括学生认为较好的作品，也包括学生认为较差的作品。文件型成长记录袋分为精选型和普通型。精选型要求学生不仅提交代表他们最高水平的成果例证，也提交他们感到最困难的成果例证，时间往往要持续一年以上。这样的记录袋将成为深刻反映学生成长的概要和高度揭示学生一般成绩的证据。普通型对学生的作品进行量化和质性评价，提供一种系统的记录，既包括过程性作业，也包括终结性作业；既包括最佳作品，也包括一般性的作品。其目的在于为学生的作业提供一个窗口，以便教师、学生、家长了解学生的进步及在某一阶段的发展情况。

---

① 钟启泉，等. 基础教育课堂改革纲要（试行）解读 [M]. 上海：华东师范大学出版社，2001：294-295.

三、成长记录袋评价的优势与不足

作为一种新兴的质性评价方式,成长记录袋评价之所以会受到越来越多的重视,主要是与其他传统的评价方式相比较,它有着许多优势。归纳起来,成长记录袋评价的优势主要体现在以下几个方面:[①]

第一,与传统的纸笔测验和其他评价方式相比,成长记录袋评价最大的优点是给教师提供其他评价方式无法提供的很多信息:能向教师、家长、学生提供丰富的内容,反映学生知道些什么和能做些什么;如果设计得好,可以反映学生思维的能力和解决问题的能力以及建构知识的能力等。此外,成长记录袋还可以反映学生的毅力、努力程度、自我监控学习的技能、自我反省的能力。而这些信息是其他测量工具无法提供的。

第二,成长记录袋评价可以改变师生关系,进而改变课堂教学的性质。成长记录袋评价代表着一种新的课堂教学理念,它提倡的是明确的预期、师生共同参与决策过程、学生自我反思以及相互合作。在这种理念的指导下,学生应该是教学、评价的中心;师生成为合作伙伴,关于评价和教学的大部分决策,通常都应该由教师和学生共同做出;课堂不再以教师为中心,教师变成了一个教练或指导者,帮助学生如何学会学习、学习思考。

第三,成长记录袋为学生与家长、教师与家长、教师之间以及学生之间的交流提供了一个平台。收集学生的作品,可以向家

---

① [美] Gary D. Borich & Martin L. Tombari. 中小学教育评价[M]. 国家基础教育课程改革"促进教师发展与学生成长的评价研究"项目组,译. 北京:中国轻工业出版社,2005:213.

长展示学生一段时期以来的发展情况和当前所具备的技能,帮助家长了解学生的学习进步情况,成为学生、家长、教师之间相互沟通的一种有效方式;教师之间、学生之间,也可以借助成长记录袋互相交流经验与学习心得等。总之,成长记录袋提供的这种交流平台对于教学的改进与教学水平的提高以及学生的个性发展起着重要的推动作用。

第四,成长记录袋评价并不是纸笔测验或表现性测验的替代品。每一种工具因目的不同,其效度也不同。如果要了解学生对基础知识的掌握程度,就要选择标准化测验,若想通过一个快照式评价,了解学生应用某一认识策略的情况,可以使用表现性测验。但如果想在真实背景下描述和评价学生在课堂中取得的进步和成就,就要考虑使用成长记录袋评价,因为它能够真实地展现学生在课堂中学到了什么以及他们能够做什么。

第五,成长记录袋可以激发学生向高水平努力的动机。由于成长记录袋由课堂教学的产品组成,所以很容易和教学结合起来。评价与教学的紧密结合,有助于激发学生的学习动机,鼓励学生对学习进行反思,提高学生评价自己作品优缺点的技能,而自我评价是发展学生独立学习能力的一个重要途径。此外,成长记录袋评价可以帮助学生担负起确定目标和评价自身进步的责任,让学生思考自己的作品和不断获取进步的经历;可以为学生提供展示的机会,有利于调动他们的学习积极性、增强他们的自信心及自尊心。所有这些都会鼓励学生向更高水平迈进,最终使成长记录袋的收益大于付出。

总而言之,成长记录袋允许、尊重学生的个体差异,可以满足个别学生的需要、兴趣和能力。运用成长记录袋评价,学生可以欣赏自己的特长,并改进自己的不足。

当然，成长记录袋评价也有自身的不足之处，主要体现在：

第一，收集作品的过程十分费时。因此，在进行成长记录袋评价时，教师必须防止成长记录袋既给教师带来繁重的工作，又不利于学生更好地学习。因此，成长记录袋的设计需要相当多的思考、准备和经验。

第二，当成长记录袋用于终结性评价（如学分认定、成就证明）时，其信度相对较低，一方面是因为其中所包含的材料经常是多种多样的；另一方面是由于缺乏标准，从而导致不同学生所选择的成长记录袋材料之间的可比性较低。当然，可以通过提高成长记录袋的标准化程度和严格控制学生对内容的选择，或者制定统一的用于所有项目评价的评分标准。这样做可能会提高评价的信度，但有可能破坏成长记录袋的效度和实用性。

第三，对不同学生的成长记录袋给予一致的评估是困难的。评分规则过粗或过细都不利于评价。

鉴于此，要发挥成长记录袋的许多潜在优势，尽可能地减少其不足，就需要对成长记录袋进行认真的计划，还要保证计划的实施和结果的实际使用。

第二节 成长记录袋评价的设计与应用

一、成长记录袋评价的设计

为了充分发挥成长记录袋的潜在优势，保证它有较高的信度（指评价者内部对于成长记录袋分数或等级的一致程度）和效度（指学生的作品对其能力或思维结构的表征程度），使其真正成为促进学生发展的有效工具，就需要对成长记录袋的创建工作进行良好的设计。否则，它就会和一般的作品文件夹一样，无法发挥其应有的评价功能。

国外学者提出了许多创建成长记录袋的程序和方法。美国学者 James Barton 和 Angelo Collins 认为成长记录袋的设计包括三个方面[①]：目的、作品样本和评价标准。目的的提出是为了确定成长记录袋所描述或测量的对象；作品样本的收集是为了给学生们创造多种途径，以此来展示他们已经成功地实现了既定目的；评价标准是为了评估成长记录袋的目的与学生作品之间的契合程度。

Robert L. Lin 和 Norman E. Gronlund 提出了设计成长记录袋的五个关键步骤[②]：第一，明确成长记录袋的使用目的；第二，为成长记录袋内容的选择提供指导；第三，明确学生在选择内容和自我评价中的作用；第四，确定评价标准；第五，在教学和交流中使用成长记录袋。

W. James Popham 认为课堂成长记录袋评价的设计应包括以下七个步骤[③]：第一，确保你的学生"拥有"他们的成长记录袋；第二，决定收集什么类型的作品样本；第三，收集和存放作品样本；第四，选择评估成长记录袋作品样本的标准；第五，要

---

① [美] James Barton，Angelo Collins，主编. 成长记录袋评价——教育工作者手册 [M]. 国家基础教育课程改革"促进教师发展与学生成长的评价研究"项目组，译. 北京：中国轻工业出版社，2005：5-6.

② [美] Robert L. Lin & Norman E. Gronlund. 教学中的测验与评价 [M]. 国家基础教育课程改革"促进教师发展与学生成长的评价研究"项目组，译. 北京：中国轻工业出版社，2003：206.

③ [美] W. James Popham. 促进教学的课堂评价 [M]. 国家基础教育课程改革"促进教师发展与学生成长的评价研究"项目组，译. 北京：中国轻工业出版社，2003：158-159.

求学生不断地对其成长记录袋作品进行评估；第六，安排和举行成长记录袋会议；第七，调动家长参与成长记录袋评价过程。

在归纳、借鉴已有研究成果的基础上，我们将成长记录袋设计的过程分为以下五个关键步骤。

(一) 明确成长记录袋的使用目的

如前文所述，不同类型的成长记录袋有不同的目的，目的不同，所收集的材料自然不同。因此，设计成长记录袋的第一个环节就是要明确："成长记录袋评价的目的是什么？"若对成长记录袋的使用目的没有一个清晰的表达和理解，很可能收集到的是一堆杂乱无章的材料。归纳起来，成长记录袋评价有以下三种主要的使用目的：

1. 反映学生的进步

用于这种目的的成长记录袋收集一系列的材料，不仅包括学生的作品，还有观察或测试的结果、家长信息、学生自我反省与自我评估的材料以及其他可以反映学生进步过程的东西。其目的是向学生、教师及家长提供学生学业进步或退步的有关证据，同时还可以作为一种手段为学生提供反馈信息，是一种典型的形成性评价过程。

2. 评估学生的学习状况

即确定学生是否达到预期的表现水平或教学目标的要求，也称为通行证型成长记录袋。这种成长记录袋评价多用于终结性评价，其结果可以作为成绩评定和证明成就的依据，也可作为学生升留级、毕业与否等高利害评价的参考依据。因此，此种类型的成长记录袋需要的标准化程度较高，成长记录袋收集些什么，收集的作品样本如何评估，都要有标准化的规定，以便于在不同学生之间进行比较。

一般来说，评估型成长记录袋中所收集的项目由教师来选择，教师对评分问题要相当慎重。只有这样，才能确保评估中所使用的评分标准或评分说明的一致性，哪怕评分者是不同的。学生对项目的自我评估并不十分重要，除非学生的自我评估本身就是评估的重要指标之一。

3. 展示学生的成就

这种类型的成长记录袋收录学生的最佳作品，以展示学生在某一学习领域的成就，有时也称成果型或庆功型成长记录袋，特别适合于低年级的学生。

这种成长记录袋的内容一般由学生自己决定，有时也参考教师和其他同学提出的建议。此外，学生对作品质量的自我评估及对为什么选择这些作品的反省也要装进记录袋，这一点比较重要，因为学生自我反省可以帮助其学会学习，同时帮助有关人员在回顾成长记录袋时了解学生是怎样学习的。

一个成长记录袋在一定程度上可以同时实现上述三个目的，但要很好地实现是不可能的（虽然这三个目的相互联系，但实际上是根本不同的）。这也就是为何要在使用成长记录袋之前，首先要明确其使用目的的缘故。

目的确定后，教师就可以确定成长记录袋的基本情况以及学生要做哪些准备工作了。"一仆难侍二主"，同样，一种类型的成长记录袋不可能很好地满足多种需要。一些教师因为听说成长记录袋可以服务于多种目的就把成长记录袋引入自己的教学。但实际上，教师必须依据最为重要的目的去创建成长记录袋。

另外，为了使成长记录袋能准确地反映学生作品的发展历程，培养学生的自我评估能力，学生必须认识到成长记录袋是他们自己作品的集合，而不只是收集教师要评分的作品的临时容器。假如成长记录袋评价还不是在全校范围内使用，或学生还不熟悉成长记录袋的使用，教师要向学生介绍成长记录袋的不同功能，以使学生了解成长记录袋评价的概念，确保学生拥有他们自己的成长记录袋。[①]

(二) 确定成长记录袋要收集的内容

明确成长记录袋的使用目的是创建成长记录袋的基础，但目的本身并不能使学生知道什么该放进成长记录袋而什么不该放进去。因此，要对学生选择什么样的内容放进成长记录袋进行相应的指导，防止学生收集材料时的盲目性。

要防止学生在收集内容时将所有的相关材料都塞进成长记录袋或收集的材料又太少而无法反映学生的学习状况，以下几条设问对于帮助教师指导学生收录作品样本大有裨益[②]：

- 成长记录袋显示出学生在一段时间内的进步状况了吗？成长记录袋内收入的应该是学生在学年中的不同时间所创作的类似作品。作品样本可以是最佳作品，创作某一成品的起始步骤，甚至是展示学生如何为此绞尽脑汁的作品。
- 成长记录袋内收入针对不同学科间的发展与进步状况的作品了吗？教师可以利用成长记录袋帮助学生们将他们所学的各门科目联系起来。

---

① [美] W. James Popham. 促进教学的课堂评价 [M]. 国家基础教育课程改革"促进教师发展与学生成长的评价研究"项目组，译. 北京：中国轻工业出版社，2003：158.

② [美] James Barton，Angelo Collins，主编. 成长记录袋评价——教育工作者手册 [M]. 国家基础教育课程改革"促进教师发展与学生成长的评价研究"项目组，译. 北京：中国轻工业出版社，2005：149-150.

- 作品样本的形式是否多种多样？作品样本可以有多种形式——录音带、录像带、会议记录、照片、电脑磁盘或艺术品。作品样本还应该能够展示出学生们是如何独立工作或在小组内与他人合作的。
- 成长记录袋内的每份作品都附有明确的收入理由吗？成长记录袋应该显示出学生们作为学习者在不断地反思。
- 成长记录袋使你了解到学生们课堂内外的兴趣了吗？成长记录袋可以帮助你了解到学生作为一个学习者的"全貌"。

教师在指导学生选择成长记录袋内容时，还应注意以下几个具体问题：

首先，收集的内容要符合评价的目的。成长记录袋内容的收集服务于评价目的，评价目的不同，所要收集的内容自然就会有所差别。如果成长记录袋的目的是反映学生的进步，那么就应收集那些能体现学生进步程度的材料，如观察记录、轶事记录、平时作业、测验分数等；如果成长记录袋的目的是用来展示学生的成就，那么收集学生的最佳作品即可，反映学生进步过程的一些材料则不必收录。

其次，收集的内容要与评价的内容相结合起来。也就是说，评价什么，就收集什么内容。如果评价的内容是学生的写作水平，那么收集的内容可能要包括学生的若干篇作文（包括草稿、修改稿、最后的作品）、自我评价及反省材料、读书报告单等；如果是评价学生的实验技能，那么收集的主要材料应包括实验设计、实验报告、实验操作程序与方法、实验过程中的观察记录等。

最后，收集的内容也会因评价者的不同而有所区别。谁将看到成长记录袋?学生?家长?教师?学校管理者还是未来的雇主?不同的评价者对所收集的内容有不同的要求。若评价者是未来的雇主,则成长记录袋的内容必须按照雇主的要求去设计。此外,教师在指导学生选择内容时,对成长记录袋的构成及其形式、内容的数量、收集的时间期限等也要予以说明。表5.5是记录一个学生的阅读和写作档案录内容的例子,借此说明成长记录袋中可能收入的材料。

表5.5 学生的阅读和写作档案录的具体内容[1]

学习目标	档案录内容
进行自己喜欢的、有意义的学习并确定评价什么	a. 选几件作品 b. 解释为何选这么几件
学生评价一段时间里的进步	a. 回顾自己的档案记录 b. 回答:自己是否像一个读者和作者
阅读意义	复述阅读内容或解释它的意义
选择各种材料	两周内阅读书或文章的记录
用笔进行有效交流	较长的写作样本
朗读者和作者的发展方向	a. 学生的初稿、注释及其他由教师选择的作品 b. 教师对学生进步的批注和评语

(三)明确学生在成长记录袋设计中的作用

成长记录袋是对学生作品有目的的收集,它反映的是学生已经获得的成就以及获取成就的过程。学生既是成长记录袋评价的

---

[1] 唐晓杰,等. 课堂教学与学习成效评价[M]. 南宁:广西教育出版社,2000:140.

对象，也是评价的主体。因此，要想实现成长记录袋评价的潜在优势，必须让学生参与成长记录袋的设计工作。

在创建成长记录袋之初，学生可能对成长记录袋不了解或不感兴趣。鉴于此，教师首先要通过各种途径让学生熟悉成长记录袋，并激发他们的兴趣，鼓励他们积极参与到成长记录袋的创建工作当中。

在成长记录袋设计过程中，学生参与的方式主要有：

- 可以选择将什么作品放进成长记录袋，以及将什么从成长记录袋中剔除。当然，学生参与成长记录袋内容的选择，并不意味着学生可以随心所欲，简单地将他们选择的任何东西放进成长记录袋。相反，学生要在教师的指导下精心选择作品，以便服务于成长记录袋评价的特定目的。
- 撰写日志，对自己的学习过程进行记录与反思。
- 对自己成长记录袋中的内容进行自我评价和反思，并积极参与对同伴的作品及其表现进行评价。
- 参与成长记录袋评价标准的制定与修改。
- 与他人（包括教师、同学、家长）交流和分享自己的作品和进步。
- 在教师的指导和帮助下，组织有家长参加的成长记录袋展示活动等。

对于上述各项活动，教师要事先制定相应的指导方案，特别要对学生的自我评价与反思进行指导。之所以如此，是因为成长记录袋可以培养学生评价自己作品优点和不足的技能，而自我评价是发展学生独立学习能力的一个重要途径。经常要求学生对成长记录袋中的内容进行自我评价或反思可以提高学生的这项技能。

由于合理使用成长记录袋评价的真正收益是学生自我评估能力的增强，因此，在成长记录袋实施过程中，教师要确保学生能依据既定的标准评估自己的作品。在教师的指导下，学生可整体或分项评估自己的作品，也可以综合使用这两种方法。这种自我评估可以成为每个学生的日常工作。学生用一张小纸片，简要地写下自我评估意见，包括作品的主要优点和不足，以及如何予以改进的设想。同时让学生在自我评估表上签署日期，以便追踪学生自我评估能力的进步。每一张自我评估表还必须与相应的作品装订在一起存放。[①]

学生的自我评价与反思，主要是对成长记录袋中的内容进行描述，反思自己选择这些内容的理由，以及他们所选择内容的优缺点是什么。在这方面，成长记录袋反思单（如表 5.6）对学生而言是一个很好的帮手。它可以给学生提供明确的指导，帮助他们对所选择的内容进行反思，对内容的优点和不足进行评价等。

---

① ［美］W. James Popham. 促进教学的课堂评价［M］. 国家基础教育课程改革"促进教师发展与学生成长的评价研究"项目组，译. 北京：中国轻工业出版社，2003：159.

表 5.6　自我评价与反思表格样例[1]

```
学生姓名：_____     日期：_____
1. 关于所选项目的描述：
2. 对项目的自我评价：
(1) 在项目中我要努力达到的目标是：
(2) 我实际上做到的是：
(3) 我学到了：
(4) 对本项目，我感到自豪的是：
(5) 下次我需要在以下方面做出改进：
3. 教师意见：
教师姓名：_____     日期：_____
```

（四）制定成长记录袋评价标准

在制定评价标准前，教师首先必须清楚运用成长记录袋进行评价的教学目标是什么，否则无法制定明确的评价标准。不过，成长记录袋是否要进行详细的评分以及如何评分取决于其使用目的。如果成长记录袋是用来展示学生的最佳作品，由于学生认为所选择的作品已经体现了其最高水平，因此就不必对作品进行专门的评分；如果成长记录袋是用于形成性评价，那么对学生所收集的作品要制定分项目的评分规则，以便学生可以清楚地看到自己的优势与不足；如果成长记录袋是用于终结性评价，则采用整体评分规则更为适合。对这两种评价规则进行区分是很有必要的。

---

[1] ［美］Robert L. Lin & Norman E. Gronlund. 教学中的测验与评价［M］. 国家基础教育课程改革"促进教师发展与学生成长的评价研究"项目组，译. 北京：中国轻工业出版社，2003：219.

清晰明确的评价标准可以增强评价的客观性和公平性，让学生知道作品的要求及自己的作品将如何被评价，同时对于帮助教师公平地评判不同学生的成长记录袋来说，也是非常重要的。然而，由于不同学生成长记录袋中的作品各不相同，因此制定评分标准并不是一件容易的事。一般来讲，评价标准的制定有以下几个步骤：

1. 确定评价项目

也就是设计评价的维度和指标，这一般由教师根据教学目标及课堂教学的实际情况予以确定。如有人将写作成长记录袋整体评价的项目设计为五个维度：目的、组织、细节、语气和语法等；将口头沟通技能的评价标准分为四个维度，即表达、组织、内容和语言。项目确定后，还要有针对每一个项目的详细说明，以便使学生清楚评价的具体要求。需要注意的是，评价的维度或指标的设计不宜太多、太细，指标过多，很可能使教师的教学和学生的学习抓不住重点，而且还会增加评价的负担。

2. 制定评分标准

成长记录袋的评分方式宜采用等级制（当然也有人使用分数制或将分数与等级混合使用），以便在一定程度上减少"分分必争"等现象对学生的发展造成的负面影响。如有人将写作成长记录袋评分的等级划分为"杰出"、"值得表扬"、"适当完成"、"部分完成"、"完成有限"和"完成很少"六个等级。为了评分时有所依据，提高评价的信度，对于每一个等级应制定详细的评分标准。

3. 选择评分者

成长记录袋由教师评分还是由学生评分，由个别教师评分还是由教师小组评分，由学生自评还是同学互评，可以有不同的选择方式，需要根据成长记录袋的使用目的及评价者的能力而定。如果是在课堂教学中应用成长记录袋，则教师、同学都可以充当评分者；而如果是将成长记录袋作为进行终结性评价的依据或将其应用于更大的范围，则一般要由教师组成评价工作小组来评分。

4. 确定权重

成长记录袋评价的结果在学生一学年的总成绩中占多大比重没有固定的标准。一般情况下，刚开始使用时，教师和学生都缺乏经验，所设计的成长记录袋信度和效度都可能存在一定的问题，因此，成长记录袋评价结果最好先作为一小部分计入学生总的评价成绩中。随着时间的推移和经验的积累，可以逐渐提高成长记录袋权重。这样，就可以给教师和学生留出一定的时间学习和熟悉这种新兴的评价方法，不至于一开始就大规模地使用而带来很多问题。表5.7是一个比较完整的成长记录袋评价标准样例，以供参考。

表5.7 数学问题解决成长记录袋评分表[①]

数学问题解决成长记录袋评分表
学生姓名：_____ 从中选择一个：
_____第一稿
_____第二稿
_____终稿
以下由学生填写：

---

① [美] Gary D. Borich & Martin L. Tombari. 中小学教育评价[M]. 国家基础教育课程改革"促进教师发展与学生成长的评价研究"项目组，译. 北京：中国轻工业出版社，2005：225.

1. 作业的日期。
2. 从问题解决者的角度，简要地描述一下这一问题说明了什么？
3. 有没有不足的地方，你准备如何改善或提高你的问题解决能力？

以下由教师完成（在合适的等级上画圈）：

1. 反省质量

 5 对自己的问题解决能力有非常清楚的认识，并知道如何改善。

 4 对自己的问题解决能力有比较清楚的认识，改进的想法比较明确。

 3 在一定程度上认识到自己在问题解决能力上的优点和不足，有一些改进的想法。

 2 对自己的优点和不足缺乏认识，也不知道如何改进。

 1 没有任何反省。

2. 数学知识

 5 对数学概念、数量关系以及问题情境有深刻的理解，使用合适的数学语言，并且估算无误。

 4 对数学概念、数量关系以及问题情境的理解较好，基本上能使用合适的数学语言，且计算基本正确。

 3 对数学概念、数量关系以及问题情境有一定的理解，所使用的数学语言有错误，计算也有错误出现。

 2 许多问题有理解上的错误，许多数学语言也是错的。

 1 不能理解涉及的数学问题、概念和原则。

3. 问题解决策略

 5 发现所有的问题解决线索，问题解决思路明确。

 4 发现大部分问题解决线索，问题解决思路比较明确。

 3 发现了一些重要的问题解决线索，但问题解决思路不完整。

 2 发现的问题解决线索不多，问题解决思路有些混乱。

 1 使用了无关信息，连解决问题的基本思路都没有。

4. 交流

  5 非常清楚地说明自己的问题解决过程，条理清晰，必要时使用图表或其他辅助用具，对别人的质疑自由应对。

  4 比较清楚地说明自己的问题解决过程，条理比较清晰，对别人的提问能做出比较合理的答复。

  3 关于问题解决的描述和解释比较完整，但不清楚，对别人的提问回答得不够好。

  2 关于问题解决的描述和解释不很完整，对别人提出的很多问题不能回答。

  1 不能进行有效的交流，对别人的提问更无法回答。

评价等级总分：

平均评价等级：

意见和建议：

（五）在教学和交流中运用成长记录袋

  成长记录袋评价结果的交流与分享是成长记录袋评价全过程中的一个重要步骤，是发挥其潜在功能的关键环节。因此，要事先制定详细的评价结果交流与分享的计划。

  首先，前文讲到，成长记录袋的一个突出特征就是动态性，它所收集的内容会随着时间的流逝而不断发生变化。由于它更多的是关注学生在学习过程中所取得的进步与成就，因此，在日常的教学过程中，教师有很多机会与学生进行交流、讨论、检查成长记录袋中的作品，并提出相应的改进建议等。在创建和使用成长记录袋的过程中经常进行观察记录，可以为教师实施形成性评价和改进教学计划提供依据。

  其次，教师可以举行专门的成长记录袋交流会议。虽然举办这样的会议很费时间，但这种师生之间交流学生作品的方式，对发挥成长记录袋的潜在功能至关重要。这种会议不仅为师生交流、评价学生的作品提供了一个很好的平台，也是帮助学生提高其自我评估能力的好机会。所以，教师要多举行这种会议。为了提高效率，要让学生事先做好相应的准备工作。

再次，调动家长参与成长记录袋评价过程。成长记录袋为家长提供了一个窗口，让他们更清楚地了解孩子在学校各个方面的表现，同时也是家长与学生、学校之间进行交流的一个很好的载体。因此，在新学年开始时，教师要帮助学生家长理解成长记录袋评价过程的性质。还要鼓励学生家长定期回顾、评论孩子的作品及孩子对作品的自我评估意见。家长的积极参与会让孩子感受到成长记录袋应用的重要性。如果学生愿意，教师还可以让学生选择他们的最佳作品组成一个展示型成长记录袋，也可以直接使用学生的作品成长记录袋。

最后，一般情况下，评价结束后应把评价结果连同成长记录袋中的内容及时报告给学生本人和家长。报告的主要目的在于，告诉学生和家长，成长记录袋不同于传统的成绩报告单，前者是对学生的表现详实而具体的描述，通过它，家长可以全面了解自己的孩子在朝着既定的学习目的前进时所取得的成就与进步。

以上只是对创建成长记录袋的几个主要步骤进行了介绍。在实际教学当中，教师可根据具体情况进行相应的调整。表5.8中的核查表可能会帮助教师和学生将成长记录袋设计得更加科学、合理。

表5.8 成长记录袋创建核查表[1]

1. 你的成长记录袋服务于什么目的?
   - ○ 为下一任教师准备一份最优作品样本
   - ○ 与家长进行交流
   - ○ 评估我的教学
   - ○ 评定等级
   - ○ 收集最优秀或最喜欢的作品
   - ○ 为分数提供支持性证据
   - ○ 提交给大学或雇主
   - ○ 表现学生在技能和个性方面的成长
   - ○ 其他（请写明）：_____

2. 每一收集起来的项目用来评价哪种认知技能？（请在横线上写出来）
   - ○ 认知策略：_____
   - ○ 深层次的理解力：_____
   - ○ 交流：_____
   - ○ 元认知：_____
   - ○ 程序性技能：_____
   - ○ 知识建构：_____
   - ○ 其他（请写明）：_____

3. 你要用收集起来的项目反映哪种个性品质？
   - ○ 灵活性   ○ 反馈的接受
   - ○ 坚持性   ○ 其他（请写明）：_____

4. 要判断这些技能或个性是否发展起来，你使用什么样的标准或量规？

---

[1] ［美］Gary D. Borich & Martin L. Tombari. 中小学教育评价[M]. 国家基础教育课程改革"促进教师发展与学生成长的评价研究"项目组，译. 北京：中国轻工业出版社，2005：233-234.

5. 在对成长记录袋进行整体评分的时候,你将会追求:
   ○ 项目的多样性 ○ 反省能力的增长 ○ 技能或表现的进步
6. 对整个成长记录袋进行综合评分,你会使用什么样的量表?
7. 如何将各个分数合并成一个最终的等级?
8. 在设计过程中将会有谁参与?
   ○ 学生 ○ 教师 ○ 家长
9. 成长记录袋收集哪些种类的内容?
10. 在选择内容时,学生是否有选择的机会?
    ○ 有 ○ 没有
11. 在每一内容领域,谁来决定具体收集哪些样本?
    ○ 学生 ○ 教师 ○ 家长
12. 在每一领域要收集多少样本?
    ○ 一个 ○ 两个 ○ 两个以上
13. 你有没有明确每一项目收集起来的最后期限?
    ○ 有 ○ 没有
14. 你有没有设计有关的表格,以用来给产品评分与合并分数:
    ○ 有 (请写明):＿＿＿＿＿＿＿＿＿＿＿＿＿＿
    ○ 没有
15. 学生的作品如何上交和返还?
16. 成长记录袋将存放在哪里,谁能使用?
    ○ 哪里 (请写明):＿＿＿＿＿＿＿＿＿＿＿＿＿＿
    ○ 谁 (请写明):＿＿＿＿＿＿＿＿＿＿＿＿＿＿
17. 谁来策划、组织和参加最后的会议?
    ○ 学生 ○ 家长 ○ 其他教师
    ○ 其他 (请写明):＿＿＿＿＿＿＿＿＿＿＿＿＿＿

二、成长记录袋评价的应用

学生成长记录袋评价作为一种新兴的评价方式,已经在我国受到广大中小学教师的普遍关注,并在新课程改革中得到广泛使用。然而,和其他新生事物一样,成长记录袋评价在实际应用中也碰到了很多问题,有些是认识上的,有些是在实施过程中遇到的。对这些问题的分析与解答,有助于大家对成长记录袋评价的认识及成长记录袋评价的顺利实施。

(一)成长记录袋评价实施中面临的一些问题和困惑[1]

1. 是不是每个教师都要给学生制作成长记录袋

这里首先需要澄清的是,学生是成长记录袋的主人。成长记录袋内容的收集、编排和保存等工作主要应由学生自己来完成,教师主要起指导作用,并监控整个过程。那么,是不是每个学科或模块都要创建成长记录袋呢?是否要创建成长记录袋,是在整个模块学习中创建,还是在某一模块中的特定学习内容上(如语文必修模块中的写作)创建,由教师和学生根据评价的目的、学习内容的特点等各种因素来确定。不是每个学科、每个模块都适合或必须使用成长记录袋这种评价方式。当多个学科的教师都要求学生创建成长记录袋时,需要教师之间进行必要的沟通和协调。

2. 创建成长记录袋费时费力怎么办

这是教师们反映最为集中的一个问题。成长记录袋作为一种

---

[1] 资料来源:《关于普通高中学生评价改革的若干重要问题》,国家基础教育课程改革普通高中学生评价项目组编写,普通高中新课程第三次工作会议(北京大兴)内部资料。

新兴的评价方式，教师和学生在一开始都不是很熟悉，在使用的初期需要多付出一些时间和精力是必然的。但许多教师在实践很长一段时间后仍然感觉很吃力，到底是成长记录袋的性质使然，还是由于教师的不当使用所致，需要进行观察和分析。我们认为，之所以教师感觉创建成长记录袋费时费力，主要是因为教师的不当理解和使用。

首先，多数教师没有经过正规、系统的培训，以至于对成长记录袋评价还不十分了解，把成长记录袋简单地理解为学生学习与发展过程的全面记录，把什么东西都往里面装，使成长记录袋成为一个无所不装的大口袋。有些教师形象地说，使用成长记录袋就像拿一个摄像机跟在学生后边，什么都要记录，这样的成长记录袋能不让教师感到疲惫吗？

其次，教师没有把成长记录袋评价和教学有机结合起来，也是一个重要原因。许多教师不能根据课程标准和教学目标设计成长记录袋，"为了收集而收集"，专门安排时间要求学生制作一些经过装饰的精美作品收进去，而不是结合教学收集在教学过程中自然生成的过程性资料或作品，人为地加大了教师和学生的工作量。更为严重的是，在评价与教学分离的状态下，成长记录袋评价难以发挥其关注过程、促进成长的优势，其使用效益不能很好地体现在学生学习和教师教学的改进上，教师会觉得成长记录评价没有什么实际的应用价值，应用成长记录袋评价费时费力。

再次，原本学生是成长记录袋的主人，学生要负责成长记录袋内容的收集、编排和保存等工作，但现在很多教师要"越俎代庖"，这样做既增加教师的负担，又不利于学生自主性的培养。其实，无论是在课堂评价中，还是在学分认定和招生考试中使用成长记录袋，教师只需要明确成长记录袋的使用目的和评价内容，要求学生提供若干反映其在某些方面发展状况的原始资料和证据即可。在成长记录袋应用过程中教师需要做的就是和学生一起回顾其中收集的作品，欣赏学生的努力、进步和成就，分析存在的问题，并提出相应的改进建议，发挥教师的咨询、指导和服务作用。

此外，有些学校搞形式主义、教师不熟悉成长记录袋的设计步骤和要求、班额过大和教师工作量偏多等，也是这一问题产生的原因。要解决创建成长记录袋费时费力的问题，除了重视和加强教师的有关培训，帮助教师掌握有关原理与要求之外，还要逐步改善客观条件，合理安排教师的工作量，减少无效或低效的劳动时间，让教师有更多的时间、以更高的效率从事更有意义的工作。

3. 学业成绩与成长记录袋评价结果怎么结合

学业成绩与成长记录袋评价结果的结合主要体现在学分认定过程中。在高中课改背景下，很多模块的学分认定如果单纯依据教学结束后的纸笔测验来进行，显然不符合新课程理念。因为纸笔测验在评价学生某些知识与技能的掌握情况时很有效，但不能有效评价学生的探究能力、沟通与合作能力、学习兴趣等多方面素质的发展状况。要想使高中课程标准真正能落实，学生能否获得在某一模块上的学分，除了教学结束时的纸笔测验之外，还要参考学生平时的作业成绩、课堂表现和成长记录袋等有关信息。成长记录袋中所收集的材料以学习过程中自然生成的原始作品和资料为主，至于收集内容与频率等由教师和学生共同决定。比如，语文教师可以要求学生在成长记录袋中收集一份课外阅读的读物清单、三份以上的阅读笔记、关于阅读的自我评价和反思记录，以及下一阶段的阅读计划等，以反映其在课外阅读方面的努力、进步和成就,作为学分认定的参考依据之一。

4. 成长记录袋评价结果在高校招生中怎么使用

成长记录袋评价结果能不能进入高校招生程序以及如何使用,也是教师们十分关心的问题。借鉴国外和我国台湾地区的有关经验,在高利害评价方案中使用成长记录袋,要高度重视这种评价方式的信度、效度和公平问题,要在小范围内试点的基础上积极稳妥地进行。

在具体应用过程和技术方面,成长记录袋的创建应该是由学生根据自己的生涯规划和升学志愿,在教师的指导下独立完成的,是一种个性化地反映学生学习与发展状况的评价方式。比如,一个学生报考北京大学法律系,成长记录袋里收集的资料应该能反映他已经具备该校法律系所看重的各种素质(如逻辑思维能力)和经历(如参加辩论赛获奖),与他同时报考复旦大学新闻系所呈送的成长记录袋所收集的东西应该是有所区别的。至于那些每个学生都必须提供的资料(如学籍记录、学分记录、参加社区服务活动的记录等),那是传统意义上的档案袋应该解决的问题。

需要指出的是,并不是每个学生都要创建用于升学的成长记录袋。如果学生报考的是一些竞争力不是很强的学校、院系或专业,有时候根本不用提供什么成长记录袋就可以被录取。

5. 成长记录袋可不可以电子化

有些时候,成长记录袋要收集大量的材料(包括文本的和非文本的),这给保存、查询和交流带来一定的困难,也会在一定程度上限制成长记录袋功能的发挥。有人提出借助多媒体技术和网络将成长记录袋电子化,创建电子成长记录袋,这不失为一个良好的选择。当电子成长记录袋在大范围内广泛使用之后,它还可以逐步与高校招生系统接轨，为高校选拔优秀新生提供真实、有效的参考信息。但值得注意的是，成长记录袋电子化需要一定的硬件设施和软件配备，各地、各学校要从实际出发，不能搞形式主义，要注重电子成长记录袋的实际效用。

（二）如何顺利地实施成长记录袋评价

为了保证成长记录袋评价的顺利实施，我们应采取以下相应的措施[①]：

1. 让学生成为成长记录袋的真正主人

实践中，成长记录袋的应用确实使本已繁忙的教师需要付出更多的时间和精力。但这也取决于教师如何把握自己在成长记录袋创建和应用中的角色。建议教师要相信学生的能力，放手让他们自己去创建、保存成长记录袋，而教师只起指导和监控作用。此外，教师要定期举办成长记录袋交流会议，给学生提供交流、反思、评价其作品的机会，同时也可以邀请家长参与。这样，教师就可以只在必要的时候对个别学生加以指导，或以抽查的方式检查学生的发展情况。

2. 适当减少班级人数

我们目前的现实情况是，大多数教师都面临着大班额的困扰。这就需要教师侧重于指导学生如何创建和完善成长记录袋，调动学生和家长积极参与成长记录袋的建立、评价等工作，教师可运用抽查、展示、评比、集体指导等多种方式对学生进行指导、监控。需要指出的是，大班额只是我国教育发展进程中的过渡现象，不可能成为教育的主流。因此，根据实际情况，在适当

---

① 朱慕菊，主编. 走进新课程——与课程实施者对话 [M]. 北京：北京师范大学出版社，2002：158-159.

的条件下，减少班级人数，同时教师也可以大胆尝试与探索，克服大班额的困难，运用成长记录袋评价来促进学生的发展。

3. 尝试选择适当的学科或模块

成长记录袋评价是一种很好的质性评价方法，运用得当，对教学有很大的帮助作用。但是否每个学科、模块都要采用成长记录袋评价方法，则要取决于评价的目的、教学内容的特点、教师的工作安排和学生的精力等各种因素。考虑到学生的投入，建议教师不要滥用成长记录袋评价，以免使其成为学生的一种负担。教师之间可在协商并征求学生意见的基础上逐步试行。小学阶段以综合课程为主，课程数目减少自然有利于教师在教学中多采用成长记录袋评价方法。此外，要创造性地使用成长记录袋，如将其集中应用于某一学习阶段、专题或具体技能，而不必贯穿于整个学期或学年，这样既可以达到评价的目的，又不会给教师和学生增加负担。

4. 加大宣传和培训力度

在我国，成长记录袋评价毕竟是一种新兴的评价方法，教师、学生及家长对它的认识、接受都需要有一个适应过程。为了使这种评价方法能与我国的教育实际情况结合起来，发挥其潜在功能，首先要加大宣传力度，尤其是让广大群众、家长了解这种评价方法的优势，进而接纳它。另外也要加强对教师的培训。在实践中也发现，多数教师对如何创建并在现实中应用成长记录袋评价还是比较陌生。有些教师只是采用展示型成长记录袋，对学生自我评价与反思重视不够，在成长记录袋的设计方面随意性很大；有些教师还将成长记录袋等同于档案袋。教师是成长记录袋评价的主要推动者和实施者，而设计成长记录袋评价就像编制客观性测验一样，是一个系统性、科学性很强的一项工作，如果教师缺乏必要的理论知识和实践能力，势必会影响成长记录袋评价的信度和效度。因此，应加强对教师这方面的系统、全面的培训。

【复习思考题】

1. 什么是成长记录袋？成长记录袋评价有哪些典型特征？
2. 成长记录袋评价有哪些优势与不足？
3. 成长记录袋的设计一般包括哪些步骤？
4. 成长记录袋评价实施过程中遇到哪些问题与困惑？如何解决？

第六章
综合素质评价

实施学生综合素质评价,关注学生的个性和综合素质的发展,是新课程改革的亮点之一,也是全面推进素质教育的必然要求。这对解决我国中小学评价与考试长期以来存在的忽视改进与激励的功能、忽视学生全面发展和个体差异、忽视过程评价等突出问题,发展和完善学生评价体系,引导学校落实科学的学生发展观,具有重要的意义。

第一节 综合素质评价实施的意义

一、综合素质评价的提出

长期以来,我们习惯使用人的全面发展和实施全面发展教育的表达方式,并以此作为学校教育运行的重要指导思想,以及评价学生发展的根本指标。这个提法虽然也涉及人的发展需求,但更多的是从社会的层面来关照人的发展问题,而且,全面发展也容易在实施中使人们陷入平均发展的误区。因此,随着素质教育的提出和深入发展,从学生个体发展的角度,人们逐渐使用综合素质这个提法,以体现学生全面发展的状态,更好地实践全面发展的教育。1999年,在《现代中小学教育》第5、6、7期上连续发表的国家基础教育实验中心沈丽燕、姜英杰等撰写的小学、初中、高中学生综合素质评价报告,在参考了当时同类研究、借鉴了心理学研究成果的基础上,对学生的综合素质做了全面的设定,主要以品德素质、智力与学习素质、身体素质、审美素质、劳动素质和心理健康素质等内容构成一级指标,并以此在中小学进行了调查和专家访谈,了解教育实践者对该指标的看法,为学生综合素质评价指标的形成提供了重要的参考依据。

从实践层面而言,学生综合素质评价的探索开始于新课程实施的义务教育阶段。2002年,教育部颁发了《通知》,2004年首批进入国家课程改革的实验区有了第一届初中生。为此,教育部印发了《国家基础教育课程改革实验区2004年初中毕业生考试与普通高中招生制度改革的指导意见》,首次明确使用了综合素质评价这一提法,要求17个国家级实验区在初中毕业生的学业考试、综合素质评定、高中招生录取方面有所突破,改变原来以中考成绩作为普通高中录取新生的唯一标准的招生办法,应将初中学生综合素质评价的结果作为高中招生的重要依据之一。

各地结合自身的情况进行了中考改革。各个实验区,不同程度地尝试着把学生综合素质评价结果作为中考招生的依据之一,如山东省潍坊市2005年开始实施以"多次考试、综合评价、诚信推荐、自主录取、社会参与"为核心内容的新的中考招生制度，形成了综合、特长、推荐三种录取方式。综合录取的依据是学生学业水平考试等级和综合素质评价等级，对综合素质高的学生，可以适当降低对学业水平考试等级的要求，特别优秀的可以破格录取；特长录取还要依据考生的音体美等特长成绩；推荐录取是对表现突出或有发展潜力的学生，经2名资深教师的推荐，由高中学校审核录取。自此，各地大都实施了学生综合素质评价，主要采用等级评定和综合性评语两种方式，在高中招生中不同程度、不同层次地使用了评价的结果，并积累了丰富的经验。

2003年，教育部推出的《普通高中课程方案（实验）》，标志着我国基础教育课程改革开始以整体化实施向纵深推进。2004年海南、宁夏、山东、广东率先进行普通高中新课程实验，也开始了高中学生综合素质评价及其与高考形成怎样的关系的研究与探讨。同年，上海市教育工作要点出台，其中最引人注目的便是在高中率先试行《上海市学生综合素质评价手册》，并将制作学生档案电子文本，供普通高校录取时参考。2005年1月，在总结2004年初中毕业考试与普通高中招生制度改革工作经验的基础上，教育部基础教育司颁发了《教育部关于基础教育课程改革实验区2005年初中毕业考试与普通高中招生制度改革的指导意见》（教基厅[2005] 2号），再一次强调初中毕业考试与普通高中招生制度改革要改变以升学考试科目分数简单相加作为唯一录取标准的做法，要求实验区勇于挑战、积极探索，在初中毕业生学业考试、综合素质评价、高中招生录取三方面予以突破，并建议采用A、B、C……来描述初中毕业生综合素质不同方面的发展状况。2006年2月16日至17日由教育部基础教育司主办的普通高中新课程实验省（区）综合素质评价工作研讨会在北京召开,此次会议旨在加强对普通高中新课程实验省(区)综合素质评价工作的指导,增强综合素质评价过程、结果的科学性、操作性。各省也形成了与高中新课程相配套的学生综合素质评价方案,并将学生综合素质评价结果纳入普通高校招生录取过程之中。

北京高考录取将参考"学生博客"[①]

本报讯 (记者张灵)昨天,市教委在基础教育课程改革工作会上宣布,高中生综合素质评价电子平台(校级)已建成,将于年内实现全市联网。今年进入高中新课程的高一学生将拥有个人网页,可自主记录平时成绩、社会实践经历、学业成绩等内容,作为电子信息存档,这份记录也将成为今后高校录取的参考依据。高中生综合素质评价电子平台包括过程性评价和高中毕业生综合素质报告单两部分内容。北京市教科院基础教育研究所副所长赵学勤介绍,过程性评价每学期一份,可由学生、教师、家长参与填写。通过学业成绩考核、实际操作、作品展示等形式,为学生建立综合、动态的成长记录手册。综合素质评价电子平台建成后,学生可登录电子平台把自己参加活动的照片、感受写进个人网页中,有点类似于"个人博客",但同时又有一定的格式和内容要求。高中毕业生综合素质报告单带有鉴定性质,包括学生的会考成绩、获奖证明、突出特长及体质健康状况等,是学生高中三年学习的终结性评价,将为高考提供录取参考依据。赵学勤介绍,这种多元化的

---

① 资料来源:http://learning.sohu.com/20071012/n252609679.shtml(搜狐教育网),2007年10月12日,转引自:《京华时报》。

记录方式,改变了过去单一的通过选拔考试来录取学生的方式,鼓励学生发展特长,为高校录取提供合理、规范的渠道。

二、实施综合素质评价的意义

(一)促进发展性学生评价体系的构建

学生评价是在客观描述评价对象基础上所进行的价值判断。客观描述可以分为定性描述和定量描述,定性描述是对事物质的方面的分析与研究,定量描述是对事物量的方面的分析与研究,二者相互结合、相互补充,才能真实地反映事物的本来面目,提高学生评价的信度和效度。但是,在传统的学生评价中试图把复杂的教育现象简化为数字,把丰富的质还原为量,把无法量化的内容排斥于评价系统之外,这样势必使评价存在局限,缺乏对学生成长的关注。因此,学生综合素质评价的实施,强调持续性描述,即成长记录,全面、准确地描述学生的成长历程,这正是发展性学生评价的灵魂,也是学生综合素质评价构建与实施的必然追求。

(二)有效发挥学生评价的引领作用

教育评价的基础和核心是价值判断和价值引领。价值判断是在客观描述的基础上,根据评价者的需要和愿望对客观事物作出的评判,它是一种客观性与主体性相统一的活动。对于学生评价而言,评价者即教师的教育价值观是实施价值判断的内在依据,容易受教师个体的价值观的影响。因此,学生综合素质评价指标体系的构建和实施,既充分表达了当代学校教育的价值追求,使各种价值取向在教育评价中保持一种"合理的张力",也以此引领教师重建教育价值观,反思现实中的教育问题,实现教育评价的增值探索。

(三) 实现学生评价的教育价值

综合素质评价作为学生评价的重要内容具有双重的意义,它可以对学校教育活动产生影响,借助评价的功能来实现教育的价值;同时,评价过程本身就是一种教育活动,而且是互动性较强的教育活动,对学生参与活动的积极性和能力会产生明显的影响,在实施评价的过程中,学生对教育的感受会更为真切,进而有利于学生各方面素质的形成。正如教育家杜威所言:"一切教育都能塑造智力的和道德的品种,但是这种塑造工作在于选择和调节青年天赋的活动,使他们能利用社会环境的教材。而且,这种塑造工作不只是先天活动的塑造,而是要通过活动进行塑造。"[1]

(四) 完善人才的选拔方式

教育评价作为一种价值判断,在客观上能起到对学生的学业成绩和发展状况进行鉴定的作用。实施学生综合素质评价,改变了以往把学科考试成绩当作评价人才、选拔人才的唯一标准的单一模式,运用综合的评价方式选拔人才,从学科学习和基本素质两大维度,实行学业成绩与成长记录相结合的综合评价方式,真实和全面地反映学生的成长历程,为高一级学校和社会选拔人才提供全面、丰富、具体的学生发展状态的描述。如 2008 年江苏省高考模式为"3(语文、数学、外语)+学业水平测试+综合素质评价",将学生综合素质评价作为高考录取的依据之一,向未来高考多元录取改革迈出了关键的一步。

---

[1] [美] 约翰·杜威. 民主主义与教育 [M]. 王承绪,译. 北京:人民教育出版社,2001:81.

综合素质评价的意义[①]

聆听着学生的自我描述，置身在学生的风采展示中，我再一次思考综合素质评价的意义：对于学校而言，它是一种倡导，在倡导中要求学生全面发展，但更多的是一种约束，用综合素质评价的不合格强行禁止学生不可为的行为，它是一把悬在学生头上的剑，虽不锐利，但它的评价结果与学生的升学、就业和从军有了关联，因而变得强硬起来；对于学生而言，它是一种全面的自我认识和自我展示，学生大多在这种认识和展示中受到一次教育；对于教师而言，它是全面认识学生的一次难得的机会，尤其是对任教多班的教师更是如此。细细回忆去年的学生综合素质评价，同时让我们感觉到它的一些不足：一是评价的过于量化，让评价显得很烦琐，我认为综合素质评价应以质性评价为主；二是评价未完全深入到学校管理和教师教育中，综合素质评价更大程度上是学期末的一种形式上的大聚餐。我认为改变这种状况的办法就是要将评价渗透到学校的日常管理中去；三是这种评价与高中不衔接，使综合素质评价不能发挥它持久的价值，评价的时限性容易使人们产生它是初中阶段的一种短期行为，教育行政部门应整体规划方能体现综合素质评价的真正价值。

[①] 资料来源：杨子的教育博客（http://yanghongy198942.blog.163.com/）

第二节 综合素质评价实施的基本原则

实施学生综合素质评价的基本出发点是为了真实和全面地反映学生在校期间的整体素质和个性发展状况，尊重学生之间的差异，关注学生的特长和潜能，促进学生富有个性的全面发展。同时，有助于改变长期以来中小学评价只强调甄别与选拔功能而忽视改进与激励作用，只注重学习成绩而忽视学生全面发展和个体差异，只关注结果而忽视过程且评价方法单一等状况，形成合理的评价机制，把素质教育真正落实到日常教育教学工作之中。

一、导向性原则

对学生的评价是依据一定的标准和所要完成的目标进行的价值判断。学生要获得理想的评价，就必然要了解评价的标准和方式，并倾向于依据标准来调整其发展状态，以期获得好的效果，教师通常也会采用此目标并渗透在教育教学过程中，促进学生的发展。学生综合素质评价除了拥有一般教育评价的导向功能外，更有其特殊的导向意义和价值，希望以此为基点，改变以往学生评价只注重学生的学业成绩、忽视发现和发展学生多方面的潜能等状况，通过学生综合素质评价体系的建构和使用，具体化素质教育的理想，体现新课程改革的精神，引导中小学校明确学校教育的培养目标和学生的发展追求。

二、发展性原则

学生综合素质评价应是基于以促进学生发展为根本目的的一种评价制度，其评价的目标、内容、方法和评价结果的处理等都应是为了促进学生的有效发展服务的,应坚持形成性评价与总结性评价相结合,注重学生的日常行为表现,注意收录反映学生成长过程和发展水平的描述与实证材料,关注和体现学生的个体差异或特长,用发展的眼光全面评价学生的综合素质。实施评价的过程,就是学生不断认识自我、发展自我和完善自我的过程。

三、公平性原则

综合素质评价是学生评价的一个重要组成部分,与其他的评价内容相比较而言,其主观性相对较强,又与高一级学校录取有一定的相关性,这必然触及每一个学生的利益。因此,学生综合素质评价的实施应遵循公平的原则,提前公布评价的内容、标准、方法、程序以及相关人员和制度,构建教师、学生、家长等多种人员参与的评价体系,建立相应的学生申诉制度,确保评价工作公开、公正、公平地进行,对学生作出客观的全面评价。

四、多样性原则

每个人都是一个完整、独立的生命体,人的发展是各方面素质的综合体现,在实际行为中通常是以一个整体来表达,只是为了研究的方便而将其作为一个个要素进行分化和独立。因此,任何一个评价方法都有其适用的条件和范围,当它面对一个人时,如果只用一种单一的方法进行评估,显然容易出现偏颇,不能全面地反映一个人的发展状态。学生综合素质评价涉及人的发展的各种复杂状况,难以从单一的视角、用某一方法实现其准确的观测和评价,必须采用多样化的评价方式,如学生成长记录、测验、行为观察等,把自评与他评结合起来,多方面、多渠道地收集反映学生素质发展的有效信息,形成相对客观的综合判断,保证学生综合素质评价的准确性。

五、可行性原则

由于学生综合素质评价涉及对一个人的整体判断，全面性是其必然要求，但在评价的运行中，实际很难"面面俱到"，而且有的项目可以量化，有的项目则带有很强的主观性，容易受评估者的情绪和偏好的影响，或者受技术条件的限制，不能马上做出准确的判断。因此，为了保证评价的公平性，要合理地制定评价指标体系，应倾向于选择具有较强的可评行为作为观测点，尽量使用客观的描述性语言，评价的内容要符合各个学校和学生的实际情况，与学校的固有生活相联系，不过多增加教师和学生的负担，充分利用学校的各项活动，使学生综合素质评价做到简便、直观，具有可操作性，力求评价结果的科学和公正。

> **美专家认为：美国全国教育进步评价应增加评估内容**[1]
>
> 近日，由美国华盛顿智囊团之一的经济政策研究所、密歇根州立大学、哥伦比亚大学研究人员联合完成的一份报告呼吁：美国应该采用新的教育产出与教育公平评估办法，拓宽全国教育进步评价（The National Assessment of Educational Progress，即 NAEP）的评估内容，以评价美国年轻人在学业、社会、健康及文化等各方面的进步状况。
>
> 这份题为《对成绩差异的再评估：充分评价学校的教学内

---

[1] 资料来源：北京市普通高中课程改革实验工作领导小组主办，北京教育科学研究院、基础教育科学研究所承办：高中课程网（http://www.bjkecheng.cn/index.php?id=117），编译转引自美国《教育周报》2008年2月22日.

容》的报告指出：NAEP 只关注学业技能，只重视测试科目，其评估结果是对学生进步状况的歪曲描绘。报告作者之一，理查德·罗斯坦恩认为：如果仅仅关注基本的学业技能，就会鼓励把所有注意力和资源从更广泛的教育目标转移到狭窄的学业技能培养上；只有评估我们期望学校应该做的方方面面，才能保持学校之间的平衡。

报告中提出了八个方面的评估内容：基本学业技能、批判性思维能力、社会技能、职业道德、公民准备程度、身体和情感健康状况、艺术和文学鉴赏能力、工作准备状况等。

第三节 综合素质评价的主要内容和方法

学生综合素质评价是以实现学生全面而富有个性的发展为根本宗旨，以全面贯彻党的教育方针，实施素质教育为导向，努力实现基础教育的培养目标，为学生的终身发展奠定坚实的基础。这一教育价值追求决定了学生综合素质评价的内容构成和方法选择。

一、综合素质评价的主要内容

目前，我国学生综合素质评价的内容主要依据 2002 年教育部颁发的《通知》的精神和提法，中小学生综合素质评价的内容主要包括基础性发展目标和学科学习目标两个方面。学科学习目标的评价内容以各学科课程标准所罗列的学习目标和各个学段学生应达到的目标为准，对这部分内容《通知》不再做其他要求和说明。《通知》重点说明了学生的基础性发展目标，提出基础性

发展目标主要包含以下内容：

第一，道德品质。爱祖国、爱人民、爱劳动、爱科学、爱社会主义，遵纪守法、诚实守信、维护公德、关心集体、保护环境。

第二，公民素养。自信、自尊、自强、自律、勤奋，对个人的行为负责，积极参加公益活动，具有社会责任感。

第三，学习能力。有学习的愿望与兴趣，能运用各种学习方式来提高学习水平，有对自己的学习过程和学习结果进行反思的习惯；能够结合所学不同学科的知识，运用已有的经验和技能，独立分析并解决问题；具有初步的研究与创新能力。

第四，交流与合作能力。能与他人一起确立目标并努力去实现目标，尊重并理解他人的观点与处境，能评价和约束自己的行为；能综合地运用各种交流和沟通的方法进行合作。

第五，运动与健康。热爱体育运动，养成体育锻炼的习惯，具备锻炼健身的能力、一定的运动技能和强健的体魄，形成健康的生活方式。

第六，审美与表现。能感受并欣赏生活、自然、艺术和科学中的美，具有健康的审美情趣；积极参加艺术活动，用多种方式进行艺术表现。

需要说明的是，因学科学习目标的评价相对独立，人们一般将综合素质评价内容构建的探讨焦点放在基础性发展目标中，并根据教育部提出的六个维度，进一步细化形成了符合各地特点的学生综合素质评价指标和内容。以下是福建省综合素质评价的内容及其指标，仅供参考。

普通高中学生综合素质评价内容[①]

普通高中学生综合素质评价包括课程修习评定和基本素质评价两个方面。课程修习评定反映学生在校期间各科目和模块修习情况以及各科目学分获得情况;基本素质评价反映学生的道德品质、公民素养、学习能力、交流与合作、运动与健康、审美与表现等各方面情况。以下是福建省的普通高中学生基本素质评价指标体系,供大家参考。

一级指标	二级指标	三级指标
道德品质	是非观	崇尚科学,信仰真理;明辨善恶,有正义感;对事物或事件做出符合社会价值取向的合理判断。
	亲社会	乐于帮助他人或集体,富有爱心;尊重交往对象,理解他人的情绪情感,合群,不偏激;能服从集体决定;不妒忌他人的成绩,能与他人共同分享。
	诚实守信	没有欺骗他人的言行,勇于践行自己的诺言,负责任地完成所承担的任务,考试守纪。
公民素养	热爱祖国	拥有民族自尊心、自豪感,尊敬国旗、国徽,热爱国歌,关心国家、家乡的建设。
	社会责任	关心时政,自觉维护公共利益;对个人行为负责,对他人的违法行为能够做到及时报告,对违反社会公德的行为能够以合适的方式予以劝阻,积极参加各种公益活动。

[①] 资料来源:福建省普通高中学生综合素质评价课题组,《福建省普通高中新课程实验工作文件汇编》,福建教育出版社,2006年12月版,第138、139页.

	遵纪守法	知法、懂法、守法、用法，遵守校规校纪。
	文明习惯	礼貌待人，语言、行为文明，遵守公共秩序，爱护公共设施，无不良嗜好。
学习能力	学习态度	自觉主动学习；学习勤奋，努力克服困难，认真完成学习任务；学习专注，对自己的学习行为负责。
	学习兴趣	能在学习中寻找快乐；求知欲强，爱提问；主动通过各种途径，能保持并丰富自己的学习兴趣。
	学习习惯	讲究学习策略，养成独立思考的习惯，善于反思与自我调整，合理安排学习时间，善于收集和使用学习资料，善于合作学习。
	创新意识	善于观察，有强烈的好奇心；在学习过程中能大胆质疑，敢于提出自己的见解；喜欢寻找多种解决问题的方法。
交流与合作	倾听习惯	尊重对方，耐心倾听对方的表达，在听取别人意见时注意提取有益的信息，虚心接受他人的忠告和建议。
	表达能力	能明确地表达自己的思想，能准确回答他人的问题，善于运用各种方法与人沟通。
	评价能力	能充分地认识自己的优势和不足；尊重并理解他人的观点和处境；能客观地判断问题；能与他人一起确立目标，并努力去实现目标。
运动与健康	生活方式	热爱生命，不吸烟，不喝酒，拒绝毒品；有良好的卫生习惯；合理安排课余生活；合理消费，勤俭节约；拥有健康意识；养成锻炼的习惯。
	体 能	达到学生体质健康标准。
	情 绪	了解自己，接纳自己，客观评价自己，对自己充满信心；经常保持积极乐观的情绪状态；能根据情境，适当地表达并控制自己的情绪。

	意 志	做事能坚持到底，不半途而废；能以真诚的态度，发展和保持和谐的人际关系；客观认识现实环境，并能自我调适。
审美与表现	感受美	具有美的鉴别能力；积极体验自然、社会、生活中的美；对于艺术和生活中的美好事物有敏锐的感受能力。
	表达美	精神饱满，富有朝气；积极参加艺术活动，能自信地表达；能自主地美化环境；能用某种艺术形式表达自己的思想。

二、学生综合素质评价方法

学生综合素质评价主要着眼于学生的成长过程和整体表现，依托学生的成长记录和日常表现、平时成绩、个性特长，注重对原始资料的分析与综合，既要反映学生德、智、体、美、劳等方面的综合素质，又要彰显学生的个性、特长和发展潜能。因此，学生综合素质评价主要采用学生自评和他评相结合的方式，重视形成性评价与终结性评价的有机结合，评价结果用等级与写实性文字描述予以表达，辅之以实证性材料。坚持以发展的眼光看待学生，将评价过程变成教育与指导过程，有效实现学生评价的导向、激励和发展功能。

江苏省普通高中学生综合素质评价等第评定办法[①]

1. 道德品质、公民素养、交流与合作等方面的评定，凡符合基本标准者，可评为合格。

---

① 资料来源：江苏省教育厅文件，苏教基（2006）30号，"省教育厅关于印发《江苏省普通高中学生综合素质评价方案》的通知"。

凡有突出问题,不符合教育部规定的基本标准,可暂不打等第,但要将突出问题如实记载。

有见义勇为等行为得到省市有关部门表彰,在关心集体、爱护国家和集体财产、保护环境、积极参加公益活动等方面有突出表现并得到省市有关部门嘉奖的,将具体内容填写在相应评价项目的"突出表现"栏中。

2. 学习能力、运动与健康、审美与表现等方面的评定等第分为 A、B、C、D 四级。

凡符合基本标准者,视情况可得 B 或 C;不符合基本要求者,得 D;凡符合标准并有突出表现,且有详细、明确证据的(以附件形式提供),经学校普通高中学生综合素质评价工作领导小组审定确认,可得 A。

凡得 A 等第的学生,必须有突出表现的有效记载,否则视为无效。例如:

有下列情况之一者,可在学习能力方面得 A:研究性学习成绩显著,得到社会的公认或权威部门的认可;学习主动积极,各科成绩一贯优秀;小创造、小发明经过专业评价机构认证或者在省市组织的相关活动中获奖;在省级以上报刊杂志发表论文、文学艺术作品;在省级及以上教育行政部门批准的竞赛活动中获得等级奖;其他。

有下列情况之一者,可在运动与健康方面得 A:达到《体育与健康课程标准》规定的六级水平;参加省教育部门组织或认可的体育竞赛活动获单项前 6 名主力队员,市教育部门组织或认可的体育竞赛活动单项前 4 名或集体比赛前 4 名主力队员;其他。

> 有下列情况之一者，可在审美与表现方面得 A：在校内外大型文艺活动中有突出表现；参加省教育部门组织或认可的音乐、美术等比赛中获二等奖以上的（含集体项目）；参加市教育行政部门组织或认可的各项音乐、美术等比赛中获一等奖的（含集体项目）；其他。

三、学生综合素质评价结果的表达

从目前各省公布的学生综合素质评价方案来看，普遍认为学生基本素质评价的结果适宜采用等级评定的表达方式，并辅之以学生本人提供的成长性记录和教师评语，以全面、客观地反映学生的发展特点和发展潜能。

由于学生综合素质评价涉及人的发展的各个方面，范围较广，六个维度包含了人的发展的不同内容和表现特点，评价结果适宜采用不同的等级表达方式，如优秀、合格、尚待改进，或 A、B、C、D 等，并根据六个维度的不同内容分别呈现评价结果。教师评语在学期的学生综合素质评价报告单中，可以基于教师对学生综合素质发展的整体判断，更多地表达教师对学生发展的期待；而在学生毕业的总报告单中，教师可以书写描述性评语，突出学生的个性、特长和发展特点，客观描述学生的发展状态。

综合素质评价是在全面推进素质教育的新一轮基础教育课程改革中产生的新事物，也是我们必须要面对的复杂的教育话题，它对于深化素质教育，促进和完善学生评价体系具有重要的意义。但它毕竟是一个新生的事物，尚处在发展的初期，从认识到实施都面临诸多亟待解决的困难和问题，需要教育工作者在实际的教育教学过程中不断地努力探索和完善。

【复习思考题】

1. 联系教育教学实际，谈谈实施学生综合素质评价的意义。
2. 学生综合素质评价的实施应遵循哪些基本原则？
3. 请选择一个省的学生综合素质评价方案并给予评析。
4. 请查阅美国大学的录取标准，并从学生评价角度谈谈您的认识。

附：

普通高中毕业生综合素质评价报告单[①]

XX 中学　XX 班级　姓名 XXX　性别 X　学籍号 XXXXXXX

科目	高一上学分		高一下学分		高二上学分		高二下学分		高三上学分		高三下学分	
	必修	选修Ⅰ	必修	选修Ⅰ	必修	选修Ⅰ	必修	选修Ⅰ	必修	选修Ⅰ	必修	选修Ⅰ
语文												
外语												
数学												
政治												
历史												
地理												

[①] 福建省普通高中学生综合素质评价课题组. 福建省普通高中新课程实验工作文件汇编[M]. 福州：福建教育出版社，2006：137.

物理										
化学										
生物										
技术										
艺术										
体育与健康										
选修Ⅱ										
综合实践活动	研究性学习									
	社区服务									
	社会实践									

学分合计：	必修： 学分	选修Ⅰ： 学分	选修Ⅱ： 学分

基本素质评价	项目	道德品质	公民素养	学习能力	合作交流	运动与健康	审美与表现
	总评						
	获奖情况						
	描述性评语						

校长：　　　学校公章：　　　年　月　日

233

第七章
考试评价改革

考试评价改革是新课程改革的重要内容之一。随着课程改进的实施，我国原有的考试评价体系已经成为课程改革向深层次推进的"瓶颈"，不改革现行的考试评价，课程改革就会寸步难行，相应的教学改革也容易流于形式。因此，为了保证课程改革的顺利进行，必须对现行的考试评价进行相应的改革，建立与课程改革相适应的新的考试评价体系。本章将在分析当前我国考试评价存在的问题的基础上，着重探讨新课程背景下升学考试改革的相关问题。

第一节 当前考试评价存在的问题

一、当前考试评价存在的问题与反思

(一) 当前考试评价存在的问题

中国是考试的故乡。早在西汉时期中国就出现了笔试，隋唐时期兴起并延续了1300年的科举考试制度及由此而形成的"学而优则仕"的传统文化观念对中华民族的文化教育有着根深蒂固的影响。特别是在中国这样一个重人情、关系、面子的社会里，考试作为一种较为公平的选才手段，自古以来就受到人们的重视和推崇，使得历来中国人就把读书、考试和做官（或向上流动）这三者紧密地联系在一起。这些传统文化观念，对当今学校教育过程中的考试评价制度产生了深远的影响，其中有些影响是消极的。因这些消极影响而出现的应试教育便是导致当前我国中小学学校教育考试评价存在诸多问题的直接根源。

归纳起来，当前中小学学校教育考试评价存在的问题主要表现在以下几个方面：

第一，在考试内容方面，过多倚重课本知识，注重对学生基础知识、基本理论的考查，而忽视对学生创新精神、实践能力以及情感态度价值观等综合素质的考查，致使教学与考试的关系在某种程度上被异化为"考什么就教什么"。

第二，在考试方式及评价标准方面，以传统的纸笔考试为主，考试方法过于单一，忽视论文、调查报告、情境测验、表现性测验、成长记录袋等多种质性评价方法的使用；以考试分数作为衡量学生学习结果的主要甚至唯一标准，而事实上分数无法全面反映学生的学习质量与水平；同时强调评价标准的共性与统一性，忽视学生之间的个体差异和个性发展。

第三，在考试结果的运用方面，长期以来，学校只重视考试结果量化的分数表达，强调考试分数的多少及其在班级、学校的排名情况，不重视对考试结果进行详细的分析。这样，考试的反馈功能被削弱了，而其评定功能却被绝对化。在学校里，教师不注重通过考试结果所提供的有用信息对学生的学习情况进行分析、诊断，从而促进学生的发展，而只是对考试分数进行简单的排名等。这样，学生自然也只能知道自己分数的多少和名次的高低，却不知道这对自己真正意味着什么，不知道这与自己的学习方法、态度等之间有着什么样的关系。如此一来，考试的诊断、反馈功能被削弱了，剩下的只有学校、教师无休止地对学生的考试成绩进行评比、排名。而为了争取高的分数和好的名次，学生之间出现了许多不良的竞争现象。教师也大多采用简单的考试分数激励、刺激和评价学生。这使得整个校园到处弥漫着"分分分，学生的命根"这种不正常的气氛。

第四，考试本身缺乏一定的科学性，考试的信度、效度难以保障。现实中，学校举行的各种考试及命题工作随意性很大，缺乏一定的科学性。这与大部分教师在考试评价方面的专业化水平不高有很大关系。从我国中小学教师的实际情况来看，大部分教师缺乏教育测量与评价学方面的基本理论知识，不知道如何科学、合理地设计考试、编制试题等。这势必影响考试评价功能的有效发挥。

(二) 对当前考试评价存在问题的反思①

当前我国中小学考试评价出现的诸多问题，原因是多方面的，但就考试评价本身而言，根源在于人们对分数的崇拜。为什么会出现分数崇拜现象呢？

分数一直是世界各国最常用的评定学生学业成就的工具，它是传统教育评价中"根深蒂固"的东西，评分制是"理所当然"的。"很难想象，取消了世代相传的记分制，学校还像不像学校"？②在我国，长期以来，考试分数、升入高一级学校的升学率是衡量一所学校教学质量、一名校长工作业绩、一名教师教学水平的无法回避的重要评价指标，有时甚至是唯一的评价指标。在这种情况下，"素质教育"变成了"数字教育"（数字即考试分数、升学率），学校几乎所有的工作都是围绕着这些"数字"在转，分数成了学校、教师、学生的命根子。对学生来说，分数更为重要，因为它决定着他们的命运，因而他们不得不把获得更高的分数当做自己的未来而孜孜以求。在这种应试教育模式下，学生的学习就是追求更高的分数。结果，分数的功能被绝对化、扩大化，被神化了，分数崇拜成为学校教育教学中一个不容置疑的现象。

那么，考试和分数是怎样把教育引向歧途的呢？由于考试没有也不可能将完整的有个性的人当做自己的考查对象，只是片面地强调学生对知识的掌握和运用，分数也就因此排除了知识以外

---

① 余文森，主编. 新课程背景下的公共教育学教程 [M]. 北京：高等教育出版社，2004：274-276.

② [苏] 沙·阿·阿莫纳什维利. 学校没有分数行吗？[M]. 朱佩荣，编译. 北京：教育科学出版社，1986：122.

的其他一切人类价值。不仅如此，分数还被当做一种外在的绝对尺度与受教育者的知识能力建立了正比关系，似乎分数高者其知识自然就多，这使得分数获得了脱离教育过程和教育性质之外的巨大的社会意义，这样也就不可避免地给整个教育带来灾难。想想，母亲由于孩子分数不高而将其打死，儿子由于分数未达到父母的要求而杀死父母，分数由于被赋予巨大的社会经济价值所带来的灾难不就昭然若揭了吗？考试和分数被异化为与教育相对立的魔杖。所以，就学校而言，一切与考试无关的活动，哪怕它对学生的发展多么有益，也遭到抛弃。考试已背离了自己的目的，成为一种外在的强制力量，把教育引向一条狭窄的死胡同。就学生学习而言，学习等于赶考，赶考赶走了时间，赶走了脸上的血色，赶走了健康，赶走了有意义的绚烂多姿的生动活泼的青少年时代，赶走了对父母的关怀，赶走了对民族人类的责任，剩下的只有干巴巴的分数，人被分数剥夺得多么贫困！

总之，以分数为本位的应试，人，不见了；人作为教育的对象和主体，被彻底遗忘了；人的潜能、个性、价值本来就是高于一切的，在这里却化为乌有了。后文的两个例子极为真实地说明了分数对学生的身心发展所带来的创伤。

正因为如此，分数和评分制受到各种尖锐的批评，其中最极端的是前苏联教育家阿莫纳什维利的"取消分数"的主张。他在《学校没有分数行吗？》一书中指出，分数是片面的评价结果，具有很大的危害性，他把分数的弊端具体概括为以下七点：

第一，分数不产生反馈与矫正，不利于学生完善和巩固知识、技能与技巧。

第二，分数是分等的工具，不利于形成和发展学生的个性。

第三，分数使学生产生焦虑与压力，不利于他们的心理健康。

第四，分数导致偶像崇拜，不利于培养学生的认知兴趣。

第五，分数使学生产生不良习惯，不利于培养他们良好的道德品质和精神风貌。

第六，分数容易引起师生间的对立与冲突，不利于师生关系的和谐。

第七，分数使学生产生依赖心理，不利于形成他们独立的判断能力和自我评价能力。

鉴于上述分析，阿莫纳什维利主张取消分数，推倒分数这一偶像。

对阿氏的主张，我们要强调以下两点：

第一，取消分数并不等于取消评价，取消的仅仅是"形式主义的数字记分法"，取而代之的则是形成性评价，它不仅仅只是简单地评个分数，而是按照标准和计划严格监视教学过程的每一步骤。

第二，重要的不是取消分数，而是转变支撑着传统分数观的传统教学体系。阿莫纳什维利指出，"传统教学的本质特征是强制性"，因此，传统的评分经常出现对学生的贬损性评价，对学生人格的践踏，从而导致了强烈的师生冲突和对抗现象。这便是传统分数弊端产生的根源所在。而形成性评价则是建立在新的教学体系之上，新的教学体系的灵魂和基本特征是热爱、信任和尊重学生。在形成性评价活动中，阿莫纳什维利切实地贯彻了热爱、信任和尊重学生的精神。他要求教师在友爱的相互信任和尊重学生的良好气氛中组织教学评价，要求评价应有鼓励性，应充分肯定学生的优点和进步；要求在评价过程中确保不侮辱学生的人格，不损害学生的尊严，即使指出错误也应如此；要求教师勇于承担失误的责任,设法补救过失;集体的评价要以互助互爱、团结向上为基础。总之,形成性评价充分体现了真挚的教育之爱,它因此而获得了巨大的教育力量。

实际上,阿氏所批判的分数,是指传统教学体系中的分数。这种分数脱离了教育过程,失去了教学本性,而且传统教学的严重缺陷又使这种分数获得了巨大的社会意义,成为学生的命根子。

显然,重要的不在于分数本身,而在于分数所赖以建立的教育教学基础。分数是学生发展的催化剂,还是教师控制教学过程的"权杖"?分数融进了教育教学过程之中,还是独立于教育教学过程之外?分数是用来对学生的成功进行奖励和肯定,还是用来对学生的失败进行惩罚和否定?分数观不同,分数所产生的作用就截然不同。那么,我们应该树立怎样的分数观呢?

大多数教育评价专家认为,对传统分数观的批评,不应该导致对分数采取轻率和虚无主义的取消态度。正如布卢姆所指出的,尽管有批评家的反对,给学生评分仍是教育的一个很重要的部分,而且在可预见的将来无疑会继续如此。前苏联也有不少学者和教师对取消分数持反对意见,理由是:分数"是促进教师工作和学生学习的一种强有力的手段",没有它,教师和学生"就会变得疲疲塌塌,对工作和学习敷衍了事"。[①] 所以,不要盲目地从感情上去附和取消分数评价的观点,而应充分发挥分数的激励和导向作用,尽量减少其消极影响。

我们赞成前苏联教育家沙塔洛夫的观点:每一个分数都应该

---

① [苏] 沙·阿·阿莫纳什维利. 学校没有分数行吗? [M]. 朱佩荣,编译. 北京:教育科学出版社,1986:10.

成为一种动力,应该引导学生朝正面的方向发展,否则分数就失去了它的教育意义。使每个分数都具有教育意义,都成为学生前进的一种动力,这是我们对分数所应采取的唯一正确的态度。

一名"差等生"的心声[①]

在一些老师眼里,成绩好的学生就是优等生,成绩差的就是差等生。

为什么有些同学能在老师面前大胆和老师谈笑风生?而你不能,大多数学生都会脱口而出——"因为他们学习成绩好,而你不好。"

老师,来听一听差等生的心声吧——

老师啊,您可听见,我们差生发自内心的呼喊。老师拉一下我们吧,莫将我们抛在一边!

作为一个差生,本身的压力就够大了:在家里,父母看到不景气的成绩,自然笑容难于挂在脸上;在学校,同学之间,免不了要受到冷落、嘲笑。如果老师不管不问,那么我们差生的处境可就更惨了。

有人说:"分分分,学生的命根。"这话一点也不假。考试成绩出来了,看吧,那长长的成绩榜上,好、中、差层次分明,把好、中、差分别以红、黄、黑三种颜色加以区别,并在中、差交接处还空上空格,如同楚汉鸿沟,以示等级差别。如此表示,优等生看见了,自然会点头微笑,可是我们差生心中唯有耻辱和悲伤。

无论大考、中考、期末考,老师啊!你曾给那些优等生多

---

① 资料来源:《海峡教育报》,2004年2月19日第10版.

少炽热的希望,使那些优等生趾高气扬,高高在上,挤得我们差生几乎无立足之地。老师啊,您的关心、帮助为何不给我们一点?只要在我们为难的时候,送给我们片刻的鼓励目光,我们也会增添无穷力量。我们的成绩虽差,并非我们以前就是这样,并非我们天生就是朽木。

老师啊,您给那些优等生曾开"小灶"多次,唯恐他们吃不饱,却为何不能多给我们一点精神食粮?老师呀,请把您的琼浆玉液平分给每一个同学吧!(廖飞萍)

分数啊,分数[①]

望着考卷上那鲜红的分数,我的心猛然变得一片空白。但马上,那些酸的、苦的、辣的全部绽了出来,把我空白的心染成了红色、灰色、黑色,混杂在一起,已分不清谁是谁了。

那一瞬间,我仿佛觉得什么都不存在了,只有那雪白的卷子,更有那刺眼的分数,我试图把那失落的心重新拉回来,但它已离我很远很远,再也看不见,再也摸不着了。脑海中留着的,仅是考试前那颗满怀希望的心的影子。再有,就是那让我不敢置信的分数了。胸中感到有股压抑全身的气,它夹杂着惶恐与不安,渐渐膨胀。我感到整个人变得好沉好沉,却又飘忽不定。那难堪的分数不停地在眼前晃来晃去,而隐在后面的,是老师、妈妈……那责备的目光。

走在回家的路上,我无心观赏沿路的景色。我不停地和同伴说话,尽力分散着自己的注意力,但我所做的一切毫无用处。

[①] 资料来源:《海峡教育报》2004年2月19日第10版.

> 我开始咒骂那该死的分数是多么的厚颜无耻,竟然始终盘踞着我的心。可是,我的脑子却又不争气,开始为它的"罪名"开脱。思索该如何将它汇报给妈妈。我觉得好烦,我觉得分数在嘲笑我,在戏弄我,让我为它而忧郁,为它而无奈。我气愤极了,甚至有一种想把分数碎尸万段的感觉。分数啊分数,你这扰人的分数!(陈剑梅)

二、新课程改革对考试评价改革的诉求

好的考试意味着好的教学,好的教学意味着好的学习。一种客观、全面的考试评价体系,可以促进学生的全面发展和进步,而一套片面的、不客观的考试评价体系可能会毁掉课程改革实验所付出的一切努力。实际上,考试对教师、学生、家长传递着一个很重要的信息——什么是教与学中最重要的内容。同时,考试也为教育决策者提供了如何提高教学质量的有效工具。

而由前文论述可见,当前考试评价存在着诸多问题,尤其是以考试分数和名次作为主要甚至唯一衡量学生发展水平的考试评价制度已经成为课程改革向深层次推进及素质教育实施的瓶颈。因此,必须以课程改革为契机,对当前的考试评价体系进行相应的改革,建立与课程改革相适应的新的考试评价体系。为此,《纲要》第15条对考试评价制度的改革和完善提出了总的要求:

在已经普及九年义务教育的地区,实行小学毕业生免试就近升学的办法。鼓励各地中小学自行组织毕业考试。完善初中升高中的考试管理制度,考试内容应加强与社会实际和学生生活经验的联系,重视考查学生分析问题、解决问题的能力,部分学科可

实行开卷考试。高中毕业会考改革方案由省级教育行政部门制定，继续实行会考的地方应突出水平考试的性质，减轻学生考试的负担。

高等学校招生考试制度改革，应与基础教育课程改革相衔接。要按照有助于高等学校选拔人才、有助于中学实施素质教育、有助于扩大高等学校办学自主权的原则，加强对学生能力和素质的考查，改革高等学校招生考试内容，探索提供多次机会、双向选择、综合评价的考试、选拔方式。

考试命题要依据课程标准，杜绝设置偏题、怪题的现象。教师应对每位学生的考试情况做出具体的分析指导，不得公布学生考试成绩并按考试成绩排列名次。

为了体现《纲要》的精神，适应新一轮基础教育课程改革根据社会发展和学生个体发展的需要而确立的"立足过程，促进发展"的新的评价观的需要，我们必须对当前的考试评价体系从内容到方法，再到考试结果的处理等多个方面进行全面而系统的改革与完善。[①]

（一）考试内容的改革

考试内容的改革是考试改革中最核心、最关键的一环，也是改革的重点和难点。没有考试内容的实质性改革，其他方面的改革都将流于形式，因此，必须首先进行考试内容的改革。

在考试内容方面，从注重对基本知识的考查过渡到对知识、技能、能力的共同考查，加强考试内容与学生生活及现代社会和科技发展的联系，重视考查学生分析问题、解决问题的能力。也

---

① 朱慕菊，主编．走进新课程——与课程实施者对话[M]．北京：北京师范大学出版社，2002：182-184．

就是说，多考查学生的创新思维、实践能力，少考查记忆性的内容。我国传统的考试多以记忆性或速度性的内容为主，而近些年来大量的研究成果表明，这样的考试导致了"高分低能"现象，即虽然学生在考试中得了高分却并不代表其具有相应的解决问题的能力，有些甚至缺乏最基本的解决实际问题的能力。

现实中，作为一种重要的评价方式，考试的"指挥棒"作用依然存在，对教学依然有着强大的导向作用，往往是"考什么就教什么"。鉴于此，为了充分利用考试的"指挥棒"作用，实现"以考促学"的目的，避免"高分低能"现象的重演，新课程倡导在考试内容方面，少考一些记忆性的、描述性的内容，而多考一些与实际生活有联系的、能体现综合应用的、需要创新思维的内容，以便于考查学生的综合素质。

考试命题应依据课程标准，杜绝设置一些难题、偏题、怪题，以免故意刁难学生。考试内容的这一变革将使通过题海战术、大量练习来提高考试分数的教学方式受到前所未有的挑战。它要求教师必须打破陈旧的教育观念和教学方式，调整自己的教育教学行为，关注学生作为一个独立的个体的发展，关注学生综合素质的发展，关注学生全面而有个性的发展，从而为社会培养真正的有用之才。

(二) 考试方式的改革

新课程改革提出要改变课程评价过分强调甄别与选拔的功能，发挥评价促进学生发展的功能；强调评价的过程性并且关注学生的个体差异，关注学生的知识与技能、过程与方法、情感、态度、价值观的整合。这就要求我们在考试评价改革中，改变将纸笔测验作为唯一或主要的评价手段的现象，可根据考试的具体内容采用纸笔测验、听力测试以及口试、实验操作等多种考试评价方法。例如，除纸笔测验外，还可以采用调查报告、研究报告、小论文、活动观察、制作作品、情境测验、表现性评价、成长记录袋评价等多种质性评价方法对学生的学习过程及结果进行全面、客观的评价。

之所以要采用多种考试评价方法，是因为传统的纸笔测验只是考试评价的一种方式，它已经无法适应教学内容和考试内容方面日益重视实践能力、重视创新思维等的变化。比如，学生的实践动手能力，就不是单凭一张考卷能加以说明的，它需要在实际的应用环境中加以操作，才能较好地做出评价。因此，新课程倡导考试方式灵活多样，应体现先进的评价思想，将定量与定性评价相结合，对学生进行全面、真实而客观的评价，促进学生在原有水平上的发展。

此外，在考试形式方面，鼓励在非毕业、升学的校内学业考试中采取闭卷、开卷或开闭卷相结合等多种方式，在综合应用中考查学生的发展状况。同时试行提供多次考试机会，同一考试也可呈现多样化形式，给学生充分选择的权利和空间：学生可以选择什么时间、以什么形式、接受哪一个难度级别的考试。再者，考试还可以分类、分项进行，如语文可进行听、说、读、写等分项考试，加强对学生的综合评价。

灵活多样的考试方式，实际上是尊重学生的个体差异，满足学生个性发展的需要，从某种程度上讲也是对学生综合素质的一种考查。可见，考试方式的变革也同样给传统的教学方式带来巨大的冲击，那种一味追求分数的"见分不见人"的传统的教育观念和教学方式下产生的学生，无疑将无法适应这种灵活多样、开放的、动态的考试方式。因此，这就要求教师改变教育教学观念，关注学生作为"人"的发展，促进学生综合素质的提高。

(三) 考试结果的处理

在考试结果的处理方面,新课程要求校内各种学业考试不得公布学生的考试成绩并按考试成绩排名次,以免对学生的身心发展造成负面影响。

考试和其他评价方法一样,是为了促进学生的发展。因此,对考试的结果进行详细的分析,旨在为学生提供建设性的改进意见,而不应将考试分数作为给学生施加压力的手段。所以,应根据考试的目的,灵活选择考试结果的处理方式,如公开反馈还是匿名反馈,完全反馈还是不完全反馈,群体参照反馈还是个体参照反馈等。学生有权决定如何公布学习成绩,学校和教师应尊重学生的权利,关注学生的处境和发展中的需要,保护学生的自尊、自信,采取以激励为主的方式对考试结果进行反馈,促进学生在原有水平上的发展。需要指出的是,对于高利害考试,学校应采取匿名反馈或单独反馈的方式,同时鼓励学生以个人的发展为参照,关注自己的努力和进步情况,不得以公示的方式对学生进行排队,以减轻学生的心理压力。

(四) 升学考试和招生制度改革

在升学考试与招生制度改革方面,总的改革思路是要综合考虑学生的整体素质和个体差异,改变以升学考试科目分数简单相加(传统招生中将分数简单相加的做法,其实是掩盖了或者混淆了学生发展中的问题,不利于对学生的发展进行有效的分析以形成有的放矢的改进计划)作为唯一录取标准的做法。倡导录取标准要多元化,录取标准除考试成绩外,还应参考学生的成长记录、社会实践、个性特长等资料,将形成性评价与终结性考试评价结合起来,进行综合评价后再录取。

此外,应将毕业考试与升学考试分开,前者属于水平考试,目的在于衡量学生是否达到毕业水平，后者属于选拔性考试，目的是将不同水平的学生区分开来，为高一级学校输送合格新生。

总之，作为学生评价的主要方式之一，考试应与其他评价方法如开放性的质性评价方法结合起来，全面评价和判断学生发展的状况。要根据考试的目的、性质、内容和对象，选择相应的考试方法；倡导分类、分项考试，进行综合评定，给学生提供多次考试的机会；加强对学生实践能力和应用能力的考查，注重考查学生的综合素质；改变过分注重分数、等级，简单地以考试结果对学生进行分类排名的做法；应对考试结果进行详细的分析、说明并提出以鼓励为主要目的的改进意见和建议，充分利用考试促进每个学生的进步与发展。

第二节　新课程背景下的升学考试和招生制度改革

一、新课程背景下的中考招生制度改革

（一）新课程背景下中考招生制度改革的基本方向

中考是基础教育阶段的重要考试，也是课程改革的重要内容和关键环节。中考方面相应的改革，将对推进课程改革、实施素质教育产生积极的导向作用。为此，2001年，教育部颁布的《纲要》要求对原有的中考进行相应的调整，即"完善初中升高中的考试管理制度，考试内容应加强与社会实际和学生生活经验的联系，重视考查学生分析问题、解决问题的能力，部分学科可实行开卷考试"。

2002年，《通知》明确提出，要对原有的中考招生制度进行改革，改革的基本方向和要求为：

初中毕业、升学考试命题必须依据国家课程标准，杜绝设置偏题、怪题，要采用形式多样的考试方式，使学生在考试中有展示特长和潜能的机会。

初中升高中的考试与招生中，要综合考虑学生的整体素质和个体差异，改变以升学考试科目分数简单相加作为唯一录取标准的做法。高中录取标准除考试成绩以外，可试行参考学生成长记录、社会实践和社会公益活动记录、体育与文艺活动记录、综合实践活动记录等其他资料，综合评价进行录取。积极探索建立招生名额分配、优秀学生公开推荐等制度。

任何单位和个人不得以任何形式按中考成绩给地区、学校和学生排队并公布名次。制定严格有效的监督制约制度和公示制度，坚决杜绝考试招生中的舞弊等腐败现象。

国家和省级教育行政部门要对初中升高中的考试命题和考试管理进行评价和指导。对不符合国家考试命题和考试管理要求的命题单位要提出改进要求，不能按要求改进的取消其命题权，另由省级教育行政部门组织命题，或者委托该省（自治区、直辖市）其他具备命题能力的单位组织命题。

为了贯彻落实《通知》中提出的关于改革中考招生制度的要求，在两年课程改革、评价与考试改革探索的基础上，国家决定2004年在17个有首批初中毕业生的国家基础教育课程改革实验区，开始推行初中毕业考试与普通高中招生制度改革。为了保证改革的顺利进行，在积极准备及广泛调研的基础上，2004年，教育部印发了《国家基础教育课程改革实验区2004年初中毕业考试与普通高中招生制度改革的指导意见》（以下简称《指导意见》），对初中毕业生学业考试、初中毕业生综合素质评价、普通高中招生录取等改革内容进行了详细的说明。在总结经验的基础上，2005年教育部印发了《教育部关于基础教育课程改革实验区初中毕业考试与普通高中招生制度改革的指导意见》（以下简称《2005年指导意见》），对2004年《指导意见》的内容进行了调整与补充，提出了中考招生制度改革的指导思想和总体要求：

初中毕业考试与普通高中招生制度改革是全面推进素质教育工作的重要组成部分，要通过制度创新，使学校的各项工作特别是教育教学工作更加符合素质教育的要求，促进学生德、智、体、美等方面全面发展。

初中毕业考试与普通高中招生制度改革要改变以升学考试科目分数简单相加作为唯一录取标准的做法，力求在初中毕业生学业考试、综合素质评价、高中招生录取三方面予以突破。为此，对实验区初中毕业生学业考试要单独命题，普通高中招生要单列计划、单独招生，以保证考试与招生制度改革的顺利实施。

教育部2007年工作要点又进一步强调："加快推进考试评价制度改革。大力推进中考招生制度改革，积极推行初中毕业生学业考试与综合素质评价相结合的招生制度，逐步推广将普通高中招生指标均衡分配到初中的招生制度。"

从以上国家出台的一系列政策文件来看，当前中考招生制度改革的基本方向是"一个改变和三个突破"，即"改变以升学考试科目分数简单相加作为唯一录取标准的做法，力求在初中毕业生学业考试、综合素质评定、高中招生录取三方面予以突破"，建立一个与新课程相适应的中考招生制度体系。在这一基本方向的指引下，全国课程改革实验区结合自身情况，制定了相应的中考招生方案。从此，中考招生制度改革在全国范围内逐渐展开。

（二）进一步完善中考招生制度

我国此次进行的中考招生制度改革在多方面实现了历史性的

突破，例如，首次改变了以升学考试科目分数简单相加作为唯一录取标准的做法；取消百分制，采用等级记分制；学生综合素质的评价结果成为普通高中招生的重要依据；普通高中招生方式呈现多样化趋势等。

目前，各地已在中考改革方面进行了积极的探索并取得了一定的成效。然而，改革的理念与现实之间总是存在一定的差距，本次中考招生制度改革方案的确有许多创新之处，但在实践操作层面仍然存在一些问题。由于实施上的困难，操作上的不科学、不规范，很容易导致改革背离初衷。这就需要不断完善中考招生制度改革，确保中考沿着考试改革的正确方向前进，确保考试改革的具体目标能够实现。

1. 考试内容应从知识立意走向能力、素质立意

《2005年指导意见》中明确规定："学业考试的命题应根据学科课程标准，加强试题与社会实际和学生生活的联系，注重考查学生对知识与技能的掌握情况，特别是在具体情境中综合运用所学知识分析和解决问题的能力，杜绝设置偏题、怪题。"

很显然，考试内容应从知识立意走向能力、素质立意，这正是体现了现代社会的发展对人才培养的基本要求，是课程改革具体目标的有机组成部分，也是学校教育教学促进学生全面而有个性的发展的具体体现。除对考试内容的要求外，也要求试卷结构应简明、合理，处理好主、客观试题的比例，试题数量要适当，以便留给学生足够的思考和作答时间；注意控制试卷的整体难度，命题必须依据国家课程标准，杜绝设置难题、偏题、怪题，不出计算和证明繁琐的题目，不出死记硬背的题目；题目的设置要着重考查学生运用所学知识分析、解决实际问题的能力。另外，部分学科还可以实行开卷考试。

然而，从这几年全国各个地区中考实施的情况来看，还有一些不尽如人意的地方。如，一些地区的中考试卷中试题仍然偏重书本内容，不少试题只是对书本知识的简单再现；有些试题设计的情境脱离学生现实生活；试题过多地考查学生对基本知识的掌握情况，而忽视对学生能力、情感、态度的培养；部分联系实际的题目过于成人化，不适合学生作答；难题、偏题，在各地中考中亦频频出现，并被冠以"提高区分度"、"提高学生解题能力"的名义。实际上，这种试题非但不能促进学生的发展，反而会大大打击学生尤其是"后进生"的学习积极性。由此可见，中考命题内容的改革仍需要不断加强和完善。

2. 提高考试命题的科学性、规范性

《2005年指导意见》中明确提出：

"要明确命题、审题和阅卷的程序和要求，建立命题、审题和阅卷制度，加强命题、审题和阅卷人员的队伍建设，要注意发挥教育统计专业人员的作用。成立以骨干教研员和优秀教师为主的命题、审题小组，审题人员和命题人员必须分开。命题、审题人员应充分了解新课程的改革目标并准确把握相关学科课程标准的要求。阅卷人员必须是当地在职的骨干教师。应确保阅卷工作的客观、公平和公正，特别要加强对主观题阅卷质量的管理，如在作文阅卷中要认真落实三人独立阅卷的要求。要建立阅卷质量的过程监测制度。有条件的地区应进行试测；鼓励进行联合命题或委托命题等多种尝试，以降低考试成本。要对命题、审题、阅卷过程中的保密保卫等工作进行督查。"

加强命题、审题和阅卷人员的队伍建设直接关系到命题的科学性、规范性，是关系到广大考生切身利益的大事。但从这几年全国各地区的实际情况来看，还存在很多漏洞，如部分地区的命题人员每年更换人数较少,给命题的保密工作带来很大困难;不少地区尚未建立命题资格证书制度,难以从制度上保障命题的质量;有些地区没有建立有效的审题制度,部分地区存在着命题人员自己审题的现象,影响试题的质量;还有一些地区因经费紧张,导致阅卷人员不足、阅卷时间太短,降低了试卷的信度等。

为了解决上述问题,国家和省级教育行政部门应加强对命题、审题和阅卷人员的队伍建设,尤其要加强对这些人员进行有关考试设计及试题编制方面的培训工作,以便保证试题的质量,提高考试的信度和效度。对于那些不符合考试命题和考试管理要求的命题单位要提出改进要求,不能按要求改进的应取消其命题权,由省级教育行政部门组织专业人员命题,或者委托本省其他具备命题能力和条件的单位组织命题。同时,一些地区可以进行联合命题或委托其他地区代为命题,以降低考试成本,提高考试的效率。

3. 正确、合理地看待和使用考试成绩

考试是学生评价的一种方式,其目的在于帮助学生认识自己的优势与不足,促进其在原有水平上的发展。升学考试也不例外。但在当前,长期以来的应试教育造成的"唯分数论"现象使得家长、学校、教师乃至全社会都把考试分数作为评定学生学业水平、教师教学水平、学校办学质量甚至一个地区教育发展整体水平的唯一指标,尤其在升学考试这种高利害考试中分数被看得更为重要,因为它在一定程度上决定着考生的前途命运。

"唯分数论"的现象不仅违背了素质教育的理念和课程改革的精神,而且会给学生的身心发展造成很多负面影响。这种现象若不扭转,将会给我们的教育、社会带来灾难性的后果。因为,应试教育下培养出来的学生大多属于高分低能者,对社会和生活的适应能力差,更不用说创新能力的发展。这些都使得学生难以面对现代社会发展的要求,难以在竞争日趋激烈的社会中求得生存与发展。正因为如此,《2005年指导意见》强调:

> 学业考试的成绩应根据各学科课程标准的基本要求确定合格标准,提供普通高中录取用的学业成绩应以等级的形式呈现,等级数和等级标准应由各地根据考试结果,并结合当地优质高中资源的实际情况确定。任何单位和个人不得以任何形式根据考试成绩给地区、学校和学生排队或公布名次。

学业成绩采用等级制的目的正是为了避免以往因百分制的"分分计较"而给学生的发展带来的消极影响。同时,我们也应理性地看待学业考试成绩。由于学业考试只是评价学生学业水平的一种方式,所以,学业考试成绩也只能部分反映学生的学业水平,它必须与其他评价方法的结果相结合,才能全面、客观地反映学生的学业水平情况。因此,当前普通高中招生标准除学生的学业考试成绩外,还有综合素质评价、学生特长等,往日只依据考试成绩招生的历史已经成为过去。

4. 积极推进多样化招生

《2005年指导意见》对普通高中的招生录取工作做了详细的规定:

> 普通高中招生要坚持综合评价、择优录取的原则。学业考试成绩和综合素质的评价结果应成为普通高中招生的主要依据。

> 实验区及上级教育行政部门应根据招生计划,参照报考学生的学业考试成绩和综合素质评价结果,按照差额投档的原则,分批录取。要避免将综合素质评价结果简单转换为权重作为录取依据的做法。

> 各高中学校根据报考学生的学业考试成绩和综合素质评价结

果，确定学校招生标准并进行录取，必要时可组织专门委员会加试。组织加试必须经地方教育行政部门批准，加试内容应主要考查学生的创新精神和实践能力，以及综合运用知识分析问题和解决问题的能力，如参照学生初中阶段的研究性学习成果，采取面试、答辩等多种形式进行。

各地应依据本地区实际情况，在确保公正、公平的前提下，积极探索、试行优质高中部分招生名额分配、优秀初中毕业生推荐等多样化的高中招生办法，以促进义务教育阶段的学校均衡发展。

从这些规定来看，与以往的招生相比，现在的招生无论是在标准还是在方式方面都呈现出多样化的趋势。从招生标准来看，既有学业考试成绩，也有综合素质评价结果，还有加试成绩等；从全国范围看，招生方式也呈现出多样化的趋势，有招生名额分配、推荐、免试与保送、特长生破格录取、加试录取以及特色学校招生方式等。

多样化的招生录取方式，有助于引导学生个性特长的发展。因此，各实验区在实施中考招生制度改革的过程中，应继续推进这一方式。

5. 加强对考试组织实施的管理

中考招生制度改革诸多先进理念的实现必须要有一系列相关制度来保障。为此，《2005年指导意见》指出：

各省级教育行政部门是基础教育课程改革实验区初中毕业考试与普通高中招生制度改革工作的领导者，要按照本文件要求，提出实施意见，切实承担领导、管理和业务指导的职责。同时要会同实验区所在的地级市及实验区有关部门组成初中毕业考试与普通高中招生制度改革领导小组，在调查研究的基础上，结合实验区实际,制定本地区初中毕业考试与普通高中招生制度改革的具体方案。

初中毕业考试与普通高中招生制度改革应通过制度建设来体现公正、公平、公开,应实行严格的公示制度、诚信制度、监督制度和评估监控制度等,杜绝腐败现象。

虽然国家出台了这样的规定,但从目前中考在全国各地开展的情况来看,一些规定、制度并未落到实处。人们仍然受到传统考试评价观念的影响,对改革还存有疑虑。鉴于此,各级教育行政部门要加强对本地区中小学校长、教师的培训,使他们了解中考改革的方向与要求,掌握考试评价的基本理论与方法,从而提高他们的专业水平;并以多种形式向全社会宣传中考改革,宣传现代教育评价思想,促使人们转变传统的考试评价观,争取全社会的认同和支持。与此同时,各级教育行政部门应加强对考试改革工作的检查、监控,将中考改革作为对地方教育行政部门和学校教育督导评估的一项重要指标。

二、高中新课程背景下的高考改革

与中考改革相比,人们更加关注高考改革的动向,因为它在某种程度上直接决定着一个人的命运,同时,高考对基础教育有着强大的导向作用。因此,历来的高考改革都会引起全社会的关注。此次高中新课程背景下的高考改革同样受到人们的高度重视。

(一)高中新课程呼唤高考改革

为了进一步落实基础教育课程改革的总体目标,实现与义务教育阶段课程改革的顺利衔接,2003年教育部颁布了《普通高中课程方案(实验)》,并于2004年9月在广东、山东、海南及宁夏四省（区）开始实验。2005年江苏加入实验区，2006年福建、浙江、安徽、辽宁和天津加入实验区。2007年秋季北京、吉林、黑龙江、湖南、陕西等5个省（市）也加入实验区。截至目前，全国已有15个省份进行普通高中新课程实验，根据教育部要求，2010年以前，普通高中新课程实验要在全国全面展开。

随着高中新课程改革的逐步推广，高考是否应进行相应的改革、怎么改革以及如何使课程改革与高考改革之间有较好的衔接和平稳过渡等逐渐成为人们关注的焦点。

与以往进行的几次课程改革有所不同的是，这次国家率先在四个省（区）开始实验的普通高中课程标准的特点是突出课程的多样性和选择性。学生在学习共同的必修模块之外，还可根据自己的兴趣、爱好选修相应的模块。尊重学生的个体差异，给学生提供自主选择的机会，让学生通过选择，实现多样化、个性化的发展，是此次课程改革的核心，也是素质教育的本质要求，符合当今社会对人才的多样化要求。

随着课程改革的推进，人们将矛头指向了高考，认为高考是课程改革的瓶颈，高考不进行相应的改革，课程改革便难以取得实质性的进展。[1] 之所以如此，是由于高考具有引导、规范中学的办学方向和教学方向的指挥棒功能。这种指挥棒功能体现在高考对中学教学有着强大的制约作用，往往是考什么就教什么。[2] 鉴于此，有人认为，必须要有反映课程改革理念的高考改革。

---

[1] 王俊. 也议"没有高考改革，就没有课程改革"[J]. 教育科研，2004（8）.

[2] 刘海峰. 高考改革的教育与社会视角[J]. 高等教育研究，2002（5）.

此次课程改革强调个性化的学习与教学，这必然要求用个性化的考试来评价学生，而我国现行的高考却是统一考试、统一录取。这就使得课程改革所体现的多样性、个性化与高考要求的统一性之间的矛盾凸现出来，特别是新课程标准下的选修内容与统一考试之间的矛盾更加突出。作为大规模的统一考试，高考首先追求的是公平。为了追求公平，高考必须用统一的尺度去衡量千差万别的考生，必然会在一定程度上压抑考生的个性和求异思维，这是高考固有的局限。统一考试与选拔专才往往成为高考改革中的一个两难问题。"要求高考在统一测试的同时又能在促进学生个性发展方面起重要作用是难以成功的"。[①] 如此一来，是否意味着高考无论怎么改革都无法体现新课程改革的精神呢？实际上，在尊重历史及现实的前提下，仍然可以在一定范围内对现行的高考进行相应的调整，从而尽可能地体现课程改革的精神，有利于课程改革的顺利进行。因此，《指导意见》强调：

高校招生考试方案的研究制订要遵循有助于高校科学公正地选拔人才、有助于实施素质教育、有助于高校依法行使办学自主权的原则，切实体现普通高中新课程的改革精神，反映各学科课程标准的整体要求。

根据《普通高中课程方案（实验）》及《指导意见》的精神，首先开展新课程实验的四个省（区）曾先后对本省原有的高考进行了不同程度的改革，并出台了首届进入新课程实验的普通高中毕业生2007年使用的高考改革方案。那么，已公布的四个省（区）的高考改革方案进行了哪些调整，是否与正在推行的新课程改革实现了顺利衔接？

---

① 刘海峰. 高考改革中的两难问题 [J]. 高等教育研究，2000（3）.

(二)高中新课程改革背景下首批四省(区)高考改革方案评析

作为一种高风险、高利害的教育考试制度,高考的任何一点改革都会引起整个社会的高度关注。因此,首批开始新课程实验的四省(区)2007年高考改革方案出台后,不仅实验区的师生、家长十分关心,也引起了全社会的高度重视。

1. 海南省高考改革指导方案

与改革前相比,2007年海南省高考改革指导方案的调整内容主要有:考试科目调整为"3+3+基础会考";强化基础会考结果的运用,基础会考成绩按卷面实际获得成绩的10%计入录取成绩总分,高考总分增加到790分;考试试卷由必做题与选做题构成;报考科类上取消艺术(理)类,报考艺术专业的考生限选报艺术(文)类;2007年非应届毕业生的考生,可参加当年举行的基础会考,会考成绩按规定比例计入考生当年录取成绩总分;对学生的综合素质进行文字评价,记入学生电子档案,供高校录取参考。

其他方面的调整为:考试时间将增加一天;报名地点将有所变化,应届生在就读学校报名,往届生、"三校生"以及省外学校就读生到本人户籍所在地的市(县)招办办理报名手续;加大对高考报名的资格审查力度和对"高考移民"的打击和查处力度;外语科目只设英语;继续实行标准分数制度,高考成绩以各统考科目的标准分、全部科目的综合标准分+基础会考成绩10%的方式记录;首次实行网上评卷,录取时间将缩短。

从调整的内容来看,海南省高考方案主要在两个方面与课程改革有一定程度的衔接,一是考试试卷中增加选做题,二是学生的综合素质评价供高校录取参考。这与其他几个省份的改革相似，所不同的是，海南省将基础会考成绩的10%计入高考总分。很显然，这一举措是为了强化基础会考结果的运用，防止会考流于形式，同时促使学校均衡开课。然而，会考是用来评价高中教学、高中毕业生的一种水平考试，高考是为高校选拔新生而设置的一种选拔性考试。两种考试的性质、目的截然不同，将会考成绩的10%计入高考总分，缺乏合理性。将会考成绩计入高考总分，不仅会违背会考的目的、扭曲其功能，同时也会加重学生的学业负担，将现行会考变成了一次小高考。按照2007年的高考方案，海南省每位考生参加高考的考试科目实际为10科而非6科。过多的考试科目无疑会加重学生负担。虽然有人认为，基础会考定位在水平考试，没有区分度要求，不会增加学生过重的负担，[①] 但是，在目前高考成绩仍然是高校录取新生的主要甚至唯一依据的情况下，只要是会考与高考实行了硬挂钩，考生都会为了每一分而努力拼搏，这是不以人的主观意志为转移的。这样，海南实际上将会出现两次高考，考生的负担也会随之加重。

2. 宁夏高考工作指导方案

与其他三个省份相比较，宁夏2007年的高考改革方案变化最少，考试科目的设置仍然维持现有的"3＋小综合"。有所变化的是，考试试题分必做题和选做题；增设往届生选做题；中学对考生的综合素质做出文字评价，供高校录取时参考。

宁夏高考方案出台后得到了肯定，这一方面与方案本身稳中有变的特点有关，同时也与一个与之配套的《宁夏普通高中新课程学校教育质量监测方案》的出台有很大关系。两个方案互为补

---

① 蒋敦杰. 基础会考，不只是杜绝高考移民[N]. 中国教育报，2007-01-22.

充,高考没有涉及到的,通过质量监测(包括学校教学质量监测和学生学习质量监测,指学生学业水平测试和学生综合素质评价)显现出来,保证了学生全面发展和学校面向全体学生的素质教育方针的落实。①

然而,宁夏此次的高考改革也存在一些问题。高考方案指出考试试题分必做题和选做题,但是《2007年普通高等学校招生全国统一考试大纲的说明(宁夏卷)》(以下简称《考试大纲的说明》)却指出,文科综合试卷仅历史学科有选考题,政治及地理科目没有选做题目。这明显违背课程设置,有碍于学生的个性发展(至于选做题之间的等值问题则是另一回事)。再者,《考试大纲的说明》强调,无论是文综试题还是理综试题只涉及本学科内容,不跨学科综合,这实际上意味着考试科目为"3+3"而非"3+小综合",小综合已名存实亡。此外,方案对今后的招生录取工作涉及较少。

3. 山东省高考工作指导方案

山东省2007年的高考有如下变化:在科目设置上将沿用多年的"3+X"调整为"3+X(指文科综合或理科综合)+1",首次在高考中出现"1"——"基本能力"考试,分值100分,考试的范围涉及高中新课程的技术、体育与健康、艺术、综合实践活动、人文与社会、科学等学习领域的全部必修内容;"X"科目的分值调整到200分;试卷包括必做题和选做题。

山东省高考方案一个非常显著的特点是在考试科目上增设了一个新的科目——基本能力测试。《关于公开征集2007年度高考

---

① 冯舒玲. 我区新课程高考方案缘何成亮点 [N]. 宁夏日报,2006-02-20.

"基本能力"考试科目样题的通知》中对基本能力测试给出了界定:"基本能力"是指高中毕业生应具备的适应社会生活的最基本、最重要的知识、技能与素养。从这一界定来看,"基本能力"考查的重点为知识、技能与素养。

我们知道,作为全国统一考试,高考主要是考查学生所学习的基本知识及运用所学知识分析、解决问题的能力,而对一个人的技能、素养的考查是很有限的,这正是高考作为纸笔考试的局限所在。此外,从"基本能力"考试的内容来看,大多是涉及实践性较强的内容如技术、体育与健康,这些内容往往无法通过纸笔考试得以考查。同时,这些内容在许多学校是以校本课程的形式实施的,很难体现在同一张试卷上。因此,增设"基本能力"这一考试科目不仅是不必要的,且其目的也难以实现。因为,根据考试范围,它所要考查的基本知识、能力完全可以通过各学科考试来完成,而它要考查的学生的技能、素养是难以通过高考这样的统一书面考试进行的。当然,也有学者认为,高考科目增设基本能力考试,有利于贯彻落实高中课程方案,督促学校开齐、开好所有必修课程,促进学生全面均衡而有个性的发展。[①] 笔者认为,并非高中所有学习领域都要纳入高考,什么课程都希望通过书面考试来检测,那么高中的教学就有可能与新课程的理念相去甚远。基本能力考试如果处理不好,不仅会无谓地加重学生的学业负担,引起考试不公平等问题,更为严重的是,它将对高中新课程改革的实施产生严重的误导作用。

4. 广东省高考改革方案

---

① 潘庆玉. 新课程下高考命题改革的有益探索——关于山东省2007年高考设置"基本能力测试"的思考[J]. 当代教育科学,2006(10).

与原有的高考方案相比,2007年广东省高考改革方案的主要变化为:考试科目调整为"3+文科基础/理科基础+X";"文科基础"包括政史地(占分值70%)、物化生(占分值30%)等学科内容,"理科基础"包括物化生(占分值70%)、政史地(占分值30%)等学科内容,"文科/理科基础"全部采用选择题;"X"为专业选考科目,涉及物化生、政史地、音乐、美术、体育等9门学科;考试内容增设选做题,由考生选择答题。各科目的选做题比重不一,其分值比例在该学科总分值的5%～10%之间;高考计分方式改为原始分;文理分科考试、分科划线录取;综合素质评价作为高校录取或退档依据之一。

从此次调整来看,方案中设置专业选考科目、增加选做题、分科考试、分科录取、高考录取中引入综合素质评价等,都体现了新课改的基本精神,有利于课程改革与高考改革的顺利衔接,对基础教育实施素质教育有良好的导向作用。而最为关键的是,实行文理分开划线、分科录取,更有利于中学按新课程方案充分开设选修课,使学生可根据个性特长和职业发展意向选择学习内容和考试科目,同时,高校可以根据文理专业的不同需求合理选择人才,最终使考生和高校各得其所,考生选择到合适的高校及专业,高校挑选到合适的学生。

然而,广东省的高考方案也存在一定的问题。方案中设置文科基础、理科基础的目的是为了避免考生出现偏科现象,因此,要求文科基础要考查部分理科知识,理科基础要考查部分文科知识,发挥高考对中学课程开设的指引作用,检查学生对基本知识的掌握程度。但是,文科基础、理科基础的考试性质为水平考试,不宜与属于选拔性考试的高考一起进行并计入总分,同时,考试题目只有选择题一种,实际上不利于考查学生的基础知识,容易产生负面影响。高考的首要功能是为高校选拔新生,引导学生全面发展、防止出现偏科现象应是像会考这种水平考试履行的职能,而不能将其强加于高考。再者,从方案本身来看,考试科目过多,每个考生至少要应付 10 门统考科目的考试,这无疑会加重学生的学业负担。此外,不同专业选考科目之间将出现等质问题以及不同科目组的选择将对录取调剂造成不平衡问题,这些问题若处理不当,将影响到考试的公平性。

从以上分析来看,四省(区)2007 年高考改革方案既有共性的地方(如考试内容均增加选做题,学生的综合素质评价结果均作为高校招生录取时的参考依据)也有个性的地方(如考试科目、考试内容、科目分值各省有所不同),但都是在有利于高考的平稳过渡及高考改革与课程改革的顺利衔接这样的指导思想下的探索。由于是新课改后第一次高考,四省(区)高考方案的制定既要照顾与原有高考的顺利衔接,同时又要考虑如何切实体现课改精神,因此,方案当中存在一些问题也在所难免。随着课程改革的推进,各省区应不断完善现有的高考方案,因为这不仅关系到实验区的高考,而且在很大程度上预示着今后我国高考的走向。

(三)我国高考改革的未来走向

早在高中新课程实施之前,国家陆续出台的一些政策文件就对我国高考改革的未来走向提出了相应的要求。例如,2001 年,《纲要》就强调指出:

高等学校招生考试制度改革,应与基础教育课程改革相衔接。要按照有助于高等学校选拔人才、有助于中学实施素质教育、有助于扩大高等学校办学自主权的原则,加强对学生能力和素质的考查,改革高等学校招生考试内容,探索提供多次机会、双向选择、综合评价的考试、选拔方式。

2002年,《通知》也指出要继续深化高考改革,积极探索综合评价、择优录取的高等学校招生办法,具体为:

高校招生制度改革要继续按照有助于高等学校选拔人才、有助于中学实施素质教育、有助于高等学校扩大招生自主权的原则,坚持德智体全面衡量、择优录取和公平竞争、公正选拔。

高考内容改革将更加注重对考生素质和能力的考查,积极引导中学加强对学生全面素质的培养。高考科目设置改革要将统一性与选择性相结合,在满足高等学校选拔人才的同时,促进学生全面发展与个性发展。高等学校选拔方式的改革要进一步探索建立在文化考试基础上综合评价、择优录取的办法。

高中应探索建立综合性的评价体系,增加反映学生在校期间参加研究性学习、社会公益活动及日常表现等真实、典型的内容,为高等学校招生工作提供更多的学生成长信息,逐步使中学对学生的评价记录成为高等学校招生择优录取的重要参考之一。

此后,教育部发布的《2003—2007年教育振兴行动计划》指出高考改革的重点和方向:

结合新课程的全面推进,深化高考内容改革;推进高考制度改革,进一步建立以统一考试为主、多元化考试和多样化选拔录取相结合,学校自我约束、政府宏观指导、社会有效监督的高等学校招生制度。

教育部2007年工作要点再次强调,要"深入推进高校招生考试制度改革,将重点放在考试内容改革。做好首批高中课改实验省(区)高考命题工作,推动高中课改与高考改革的有机衔接。进一步完善高校自主选拔录取改革试点办法,开展高职单独招生考试试点"[①]。

随着高中新课程改革的逐步推广，我国高考如何改革以及其未来向何处去等问题日益引起人们的关注。有不少人甚至认为高考若不进行相应的改革，课程改革将面临夭折的危险。此观点虽然过于偏激，但也有一定的道理。课程改革的顺利进行，虽然与学分制的推行、选修课程的开设、校内外课程资源的开发与利用、师资水平的提高以及学校评价体系的建立等诸多因素有很大关系，但与之相配套的高考改革显得更为重要，因为高考毕竟对中学的教育教学起着强大的导向作用。那么，为了有助于新课程改革的实施，我国未来的高考将走向何处呢？

以上这些文件对我国高考改革的未来走向都提出了明确的方向。结合这些文件的基本精神及我国的实际情况，我们认为，"分类考试、多元录取"将有可能成为未来我国高考改革的基本趋势。

1. 分类考试

1952年我国始创的全国统一高考，曾在为高校选拔优秀新生、为社会培养精英人才方面起过积极的作用。当时我国的高等教育尚处于精英教育阶段，教育资源严重不足，导致供求矛盾突出；中学的教育状况是全国采用统一的教材，学生学习统一的内容。在这种情况下，为了公平选才，全国建立了统一的高考制度，所有考生采用同一张试卷，并按成绩高低、择优录取新生。这种制度的创建，在当时既定的社会历史条件下，不仅是必须的而且是有效的。如今，我国高等教育已进入大众化阶段，大众化以多样化为前提。当前我国高等教育无论是在类型还是层次方面

---

① 中国教育报，2007-01-01.

均呈现出多样化的局面,这也是适应社会对人才多样化需求的结果。与此同时,我国普通高中自 2004 年开始了新一轮的课程改革。为了"适应社会需求的多样化和学生全面而有个性的发展",此次课程改革引入了由学习领域、科目、模块构成的新的课程结构,学生可以根据自己的兴趣、特长选修各科目中不同的学习模块,结束了以往所有学生用同一教材、学同一内容的时代。

很显然,无论是中学还是高校,在人才培养方面均出现了多样化的趋势。此时,精英教育体制下统一的、单一的考试方式,不仅"不能起合理配置人才资源的作用",同时还"成为阻碍基础教育实施素质教育、高等教育多样化发展的难以逾越的障碍"。[1] 因此,必须改革现行的统一考试,关键是怎么改。我们知道,在当今高等教育大众化阶段,高考的功能已发生变化,已从选拔性功能向适应性功能转变,高考不仅是为高校选拔优秀新生,也要为高校选择合适的学生以及为学生选择合适的高校与专业服务。这样,为了满足高校和学生的双向选择,适应社会对人才的多样化需求,可行的途径是进行分类考试,针对不同类型高校人才培养目标与规格、教学方式方法的不同举行不同类型的考试。

我国目前的高校大致可分为三种类型:研究型大学(如"211 工程"、"985 工程高校)、一般本科院校及高职高专院校。从理论上讲,可以举行三种不同类型的考试来满足这三类高校的选才需求,但从我国目前的现实情况来看,时机尚不成熟。可行的方案是,将高职高专院校分离出去,此类院校的招生录取权下

---

[1] 潘懋元. 从科学发展观看高考改革 [J]. 湖北招生考试,2006(2).

放到各个省，并试行注册入学，不再组织专门的统一考试，学校根据考生高中的学业成绩进行录取。需要说明的是，这只是过渡时期的一种策略。由于高职高专院校的招生主要是面向所在地区的考生，因此，将来当真正意义上的高职高专院校的人才培养模式形成之后，可由各省组织面向高职高专院校的统一考试。这方面可以参考当年广西的分类考试及2005年上海三所民办高校（2006年增为6所开始）联合独立招考的办法。

对于研究型大学和一般本科院校而言，仍采用现行的统一考试方式，学校根据考生的高考成绩进行录取。当然，随着高校自主招生权力的扩大及其自律能力的提高，研究型大学根据自身学校、专业的特点，除参考统一的高考成绩外，可增加面试或加考某些科目（类似于台湾的大学多元入学新方案）。实际上，2006年复旦大学、上海交大尝试的部分自主招生办法已经朝着这个方向迈进了。

分类考试的具体实施应落实到考试科目尤其内容的相应调整方面。20世纪90年代以来，我国高考科目改革从未停止过，科目改革过于频繁，不仅对中学教学同时对高校选拔新生也造成一定的负面影响。考试科目主要是反映考生的知识结构，满足高校不同学科专业对考生知识结构的差异性要求，科目的设置应保持相对的稳定性。随着新课程改革的推进，未来"高考科目设置改革要将统一性与选择性相结合，在满足高等学校选拔人才的同时，促进学生全面发展与个性发展"。

考试内容主要考查考生学习知识本身的能力及运用所学知识解决相关问题的能力，考试内容的改革往往成为高考改革的难点与重点。科目改革应体现统一性与选择性，内容改革更应如此。此次高中新课程改革引入选修模块，这意味着学生的学习内容将更加多样化、个性化。因此，未来考试内容的改革在逐渐从注重考查考生所掌握的基本知识到更加注重对考生能力、素质考查的同时，在考试内容的设计方面应增加选做题目（2007年四省区高考改革方案在考试内容方面均增加了选做题。由于是首次尝试，选做题所占比例较少），并逐渐加大选做题的分值比例，引导学生的个性发展。

实行分类考试，可以在一定程度上解决不同类型高校、考生群体之间的差异问题，使二者各得其所，既有利于高校选才，又有利于中学素质教育的实施。

2. 多元录取

高考改革包括考试与招生录取两方面的内容。从某种程度上讲，招生的改革更为关键。近几年，国家在考试方面的改革颇多，但在招生录取方面除实行网上录取及部分高校尝试自主招生外并未有实质性的改革，高校招生录取的主要甚至唯一依据仍然是高考成绩。招生录取工作对高考成绩的过度依赖，导致考试与招生混为一体，高考实际上变成了招生。实际上，招生与考试应当是分离的，考试是手段，招生是目的，高考成绩只是高校录取新生的一个重要参考指标而非唯一尺度。

导致招生工作对考试成绩过分依赖的原因极其复杂，主要原因在于：整个社会诚信体系的缺乏使得考试成绩被认为是最公平的选才尺度；以考试成绩为主要录取依据的录取体制是在长期的历史传统中形成的，发展至今这种体制已相当顽固且操作简便易行，加之受既得利益集团的阻挠，想在短期内改变这种体制并非易事；招生权力几乎集中在政府手中，高校缺乏自主招生的权力，只能按照考试成绩从高到低进行录取，最终导致"高校招生、高校无声"的奇怪现象。

改变这种现状的出路在于录取标准应多元化。在招生录取中增加其他参考指标，考生高中的学业成绩、毕业水平测试成绩及综合素质评价结果等都应作为录取的重要依据。之所以要倡导多元录取，是因为统一考试（尤其在考查品行与选拔专才方面）有其自身无法克服的缺陷，考试科目及内容无论如何改革，也不可能也无法全面考查千差万别的考生，在促进学生全面而有个性的发展方面有一定的局限性。而这种缺陷可以通过录取依据的多元化得到一定程度的弥补。录取依据中加入过程性评价指标（考生高中的学业成绩、综合素质评价等），不仅有利于高校选拔一些特才、偏才，也有利于课程改革的推进及素质教育的实施。

为了实现多元录取，首要的前提是将录取新生的权力还给高校。当高校拥有这一权力时，才能根据自身学科、专业的特点制定相应的录取标准。当然，由于高校自治、自律需要一个过程，因此，权力的下放也要逐步进行。当前，由于整个社会的诚信体系尚未建立，目前中学的综合素质评价等还只能供高校录取参考，暂不宜作为录取重要依据。在过渡阶段，高考成绩仍然是高校录取新生的主要依据，不过应作适当调整，即高校在依据考生高考总分的前提下，也应根据招生专业特点参照考生相应的学科考试分数，最终决定是否予以录取。以后，随着整个社会诚信度的提高及高校自主招生权力的扩大，可加大学业成绩、综合素质评价等在录取中的比重，最终走向多元录取。

高考不仅是一个教育问题，更是一个复杂的社会问题。高考改革关系到千家万户，涉及数百万考生的利益，因此，与课程改革相配套的高考改革应在充分论证及试点的基础上稳步推进，逐渐完善，最终实现课程改革与高考改革的顺利衔接。

【复习思考题】

1. 当前我国中小学考试评价存在哪些问题?
2. 如何建立与新课程改革相适应的考试评价体系?
3. 如何完善我国现行的中考招生制度?
4. 高中新课程背景下我国高考制度将如何改革?

主要参考文献

[1] 杨学为，廖平胜. 考试社会学问题研究 [M]. 武汉：华中师范大学出版社，2003.

[2] 李春祥，等，主编. 河南考试史 [M]. 郑州：中州古籍出版社，1993.

[3] 唐群. 科考篇——风云际会考场路 [M]. 西安：三秦出版社，1998.

[4] 盛奇秀. 中国古代考试制度 [M]. 济南：山东教育出版社，1988.

[5] 邓嗣禹. 中国考试制度史 [M]. 国民政府考选委员会，1936.

[6] 腾大春，主编. 外国教育通史（第一卷）[M]. 济南：山东教育出版社，2005.

[7] 刘海峰，等. 中国考试发展史 [M]. 武汉：华中师范大学出版社，2002.

[8] 刘海峰. 科举考试的教育视角 [M]. 武汉：湖北教育出版社，1996.

[9] 孙中山选集（下卷）[M]. 北京：人民出版社，1956.

[10] 于信凤. 考试理论研究 [M]. 沈阳：辽宁人民出版社，1989.

[11] [英] 罗伯特·蒙哥玛利. 考试的新探索 [M]. 黄鸣，译. 南宁：广西人民出版社，1984.

[12] 廖平胜. 考试学原理 [M]. 武汉：华中师范大学出版社，2003.

[13] 熊庆年. 中国古代科举百态 [M]. 上海：东方出版中心，1997.

[14] 郭述平，等，编著. 教育测量 [M]. 长春：东北师范大学出版社，1988.

[15] 张敏强. 教育测量学 [M]. 北京：人民教育出版社，1998.

[16] 许建钺，等，编译. 教育测量与评价 [M]. 北京：教育科学出版社，1992.

[17] 王汉澜. 教育测量学 [M]. 开封：河南大学出版社，1987.

[18] 雷新勇. 大规模教育考试：命题与评价 [M]. 上海：华东师范大学出版社，2007.

[19] 胡中锋. 教育测量与评价 [M]. 广州：广东高等教育出版社，2006.

[20] 格朗兰德. 教学测量与评价 [M]. 郑军，等，译. 石家庄：河北教育出版社，1997.

[21] 余文森，主编. 新课程背景下的公共教育学教程 [M]. 北京：高等教育出版社，2004.

[22] 陈玉琨. 教育评价学 [M]. 北京：人民教育出版社，1999.

[23] 肖远军. 教育评价原理及应用 [M]. 杭州：浙江大学出版社，2004.

[24] 沈玉顺，主编. 现代教育评价 [M]. 上海：华东师范大学出版社，2002.

[25] 徐勇，等，编著. 新课程的评价改革 [M]. 北京：首都师范大学出版社，2001.

[26] 朱慕菊，主编. 走进新课程——与课程实施者对话 [M]. 北京：北京师范大学出版社，2002.

[27] 教育部基础教育司、教育部师范教育司组织编写. 新课程与学生评价改革 [M]. 北京：高等教育出版社，2004.

[28] [美] W. James Popham. 促进教学的课堂评价 [M]. 国家基础教育课程改革"促进教师发展与学生成长的评价研究"项目组，译. 北京：

中国轻工业出版社，2003.

[29] [美] Diane Hart. 真实性评价—教师指导手册 [M]. 国家基础教育课程改革"促进教师发展与学生成长的评价研究"项目组，译. 北京：中国轻工业出版社，2004.

[30] [美] Robert L. Lin Norman E. Gronlund. 教学中的测验与评价 [M]. 国家基础教育课程改革"促进教师发展与学生成长的评价研究"项目组，译. 北京：中国轻工业出版社，2003.

[31] [美] James Barton, Angelo Collins，主编. 成长记录袋评价——教育工作者手册 [M]. 国家基础教育课程改革"促进教师发展与学生成长的评价研究"项目组，译. 北京：中国轻工业出版社，2005.

[32] 钟启泉，等. 基础教育课堂改革纲要（试行）解读 [M]. 上海：华东师范大学出版社，2001.

[33] [美] Ellen Weber. 有效的学生评价 [M]. 国家基础教育课程改革"促进教师发展与学生成长的评价研究"项目组，译. 北京：中国轻工业出版社，2003.

[34] [美] Gary D. Borich & Martin L. Tombari. 中小学教育评价 [M]. 国家基础教育课程改革"促进教师发展与学生成长的评价研究"项目组，译. 北京：中国轻工业出版社，2005.

[35] 唐晓杰，等. 课堂教学与学习成效评价 [M]. 南宁：广西教育出版社，2000.

[36] [美] 约翰·杜威. 民主主义与教育 [M]. 王承绪，译. 北京：人民教育出版社，2001.

[37] 福建省普通高中学生综合素质评价课题组. 福建省普通高中新课程实验工作文件汇编 [M]. 福州：福建教育出版社，2006.

[38] [苏] 沙·阿·阿莫纳什维利. 学校没有分数行吗？[M]. 朱佩荣，编译. 北京：教育科学出版社，1986.

[39] 廖平胜. 论中国考试的起源 [J]. 华中师范大学学报（哲社版），1991（4）.

[40] 杨学为. 中国需要"科举学"[J]. 厦门大学学报(哲社版), 1999(4).

[41] 吴刚. 我国教育评价发展的回顾与展望[J]. 教育研究, 2000(8).

[42] 邱永年. 评价热的冷思考[J]. 人民教育, 2003(20).

[43] 教育部国家基础教育课程改革"建立促进教师成长和学生发展的评价体系的研究"项目组. 对新课程背景下中小学期末评价与考试改革的再认识[J]. 语文建设, 2002(8).

[44] 王俊. 也议"没有高考改革, 就没有课程改革"[J]. 教育科研, 2004(8).

[45] 刘海峰. 高考改革的教育与社会视角[J]. 高等教育研究, 2002(5).

[46] 刘海峰. 高考改革中的两难问题[J]. 高等教育研究, 2000(3).

[47] 潘懋元. 从科学发展观看高考改革[J]. 湖北招生考试, 2006(2).

[48] 潘庆玉. 新课程下高考命题改革的有益探索——关于山东省2007年高考设置"基本能力测试"的思考[J]. 当代教育科学, 2006(10).

图书在版编目（CIP）数据

考试与评价/王伟宜、王晞等编著. —福州：福建教育出版社，2008.8
教师教育课程系列教材
ISBN 978-7-5334-5079-3

Ⅰ.考… Ⅱ.①王…②王… Ⅲ.学生－综合评价－师资培训－教材 Ⅳ.G455

中国版本图书馆 CIP 数据核字（2008）第 132678 号

教师教育课程系列教材
考试与评价
王伟宜　王　晞等编著

*

策　划：黄　旭
责任编辑：成知辛
特约编辑：林丽娟

福建教育出版社出版发行
（福州梦山路 27 号　邮编：350001）
电话：0591－83726971　83733693
传真：83726980　http://www.fep.com.cn
福建省金盾彩色印刷有限公司
（福州鼓楼区湖前江厝路 5 号　邮编：350013）
开本 850 毫米×1168 毫米　1/32　印张 9　字数 210 千　插页 2
2008 年 9 月第 1 版　2008 年 9 月第 1 次印刷
印数：1—3 100
ISBN 978-7-5334-5079-3　定价：21.00 元

如发现本书印装质量问题，影响阅读，
请向出版科（电话：0591－83726019）调换。